KB220686

메시올로지

Messiology

메시 올로지

지은이 | 조지 버워
옮긴이 | 이영규·안은정
펴낸이 | 원성삼
표지 및 본문 디자인 | 한영애
펴낸곳 | 예영커뮤니케이션
초판 1쇄 발행 | 2020년 8월 31일
등록일 | 1992년 3월 1일 제2-1349호
주소 | 04018 서울시 마포구 동교로 55 2층(망원동, 남양빌딩)
전화 | (02)766-8931
팩스 | (02)766-8934
이메일 | jeyoung@chol.com
ISBN 979-11-89887-27-8   (03230)

MORE DROPS By George Verwer
Copyright © 2015 by George Verwer

Korean translation copyright © 2020 Jeyoung Communication Publishing House

값 10,500원

이 도서의 국립중앙도서관 출판예정도서목록(CIP)은 서지정보유통지원시스템 홈페이지
(http://seoji.nl.go.kr)와 국가자료종합목록 구축시스템(http://kolis-net.nl.go.kr)
에서 이용하실 수 있습니다.(CIP제어번호: CIP2020033334)

 모든 인간은 하나님의 형상을 닮은 존귀한 존재입니다. 사람은 인종, 민족, 피부색, 문화, 언어에 관계없이 모두 다 존귀합니다. 예영커뮤니케이션은 이러한 정신에 근거해 모든 인간이 존귀한 삶을 사는 데 필요한 지식과 문화를 예수 그리스도의 사랑으로 보급함으로써 우리가 속한 사회에 기여하고자 합니다.

이해되지 않을 때도 하나님이 행하시는 신비한 역사

메시올로지

조지 버워 지음 | 이영규·안은정 옮김

Messiology

예영

추천사

　이 책은 저자의 일평생 지혜를 담은 보배다. 책을 읽는 동안 하나님
이 왜 저자를 그토록 존귀하게 사용하셨는지를 깨닫게 된다. 그의 순
전한 믿음, 선교의 열정, 따뜻한 사랑, 배우는 자세, 깊은 자아 성찰 그
리고 균형 잡힌 리더십이 이 책 속에 담겨 있다.
　이 책은 역설적이다. 하나님이 약한 자를 귀히 쓰시고, 인간의 실수
로 엉망진창이 된 상황을 합력하여 선을 이루신다는 메시올로지다. 80
인생을 살아온 저자의 가슴은 온유하고 겸손하다. 선교적 삶과 선교적
교회를 세우길 원하는 그리스도의 제자들의 필독서다.

　　　　　　　　　　　　　　　－ **강준민 목사** LA 새생명비전교회 담임

　본서의 저자는 선교의 비전을 세계 각지의 젊은이들에게 심어준 귀
한 선교 지도자이며, 특히 한국 교회의 선교에 지대한 영향을 끼친 선
교의 선구자라고 볼 수 있다.
　『메시올로지』는 자신의 사역을 돌아보며 날카롭게 교회의 안일함
과, 이론에 치우친 선교학, 교단과 교리의 경직성 등에 대해서 성경
에 바탕을 둔 선지자적 선교에의 비전을 제시한다. 더 나아가서 자신
의 경험을 토대로 우리 모두에게 일상생활에서 당면하는 윤리적인 문
제와 시련과 도전 그리고 장래에 대한 계획에 대해서 자상한 아버지와
같이 조언해 주고 있다. 이 책에서 특히 두드러지는 것은 그의 선교 철
학, 선교 리더십, 사회적 관심과 영혼에 대한 열정을 겸비한 통전적 선

교에 대해서 압축적으로 정리하여 우리 모두에게 선교의 방향에 대해 제시하고 있다. 이 책은 선교에 관심이 있는 젊은이들뿐만 아니라, 하나님 나라의 가치관을 갖고 살려고 하는 모두에게 신성한 도전을 주는 책으로 적극적으로 추천하는 바이다.

- 김창환 교수 풀러신학대학원 공공신학

세상을 직시하면서 하나님만 바라보며 쓰인 책이다. 저자는 지난 60여 년간의 선교사역 동안 수천수만의 사건을 보고 경험하면서 쌓인 큰 의문을 기이한 눈으로 독자에게 되묻고 있다. '인간적인 눈으로는 금방 무너질 것 같고, 도저히 소망이 보이지 않는 엉망인 상황 속에서 하나님은 어떻게 일하고 계시는가?' 교파적 신념이나 교리적인 기준으로는 결코 용납할 수 없는, 절망적이고 심지어 끔찍해 보이는 현실조차 하나님께서 기어코 품으시고 오히려 위대한 일의 도구로 사용하시는 것이 모든 독자가 가슴에 새겨야 할 "메시올로지"다.

이 책은 '실패하고 배워가는 순례자로서' 자신의 삶을 진솔하고 정직하게 드러내므로 수많은 목회자와 선교사가 교리적, 교파적으로 안주하는 껍질을 반박 불가의 망치로 두드려 깨고 있다. "부디 어둠과 싸우지 말고 빛을 전하는 일에 전력하라! 어떤 상황에서도 결코 하나님의 생각을 사람의 판단으로 예단하지 말라." 저자의 필생 호소이다.

장章을 넘길 때마다 신앙과 선교에 대한 목회적 용량이 급진적으로 커질 것이다. 설사 저자의 생각에 다 동의하지는 않는다고 해도 책의 마지막 장을 닫을 때는 지금까지 지켜온 생각의 틀이 크게 변혁되어 있음을 자각하게 될 것이다.

한 생애를 오직 주님 사랑으로 선한 싸움을 싸우고 사명의 길을 목숨처럼 지켰던 조지 버워 선교사님이 모든 사역자에게 지난 60년의 사역을 진액으로 정자正字하여 드리는 참으로 귀한 선물이다.

– **오정현 목사** 사랑의교회 담임

나는 담임목회자로 사역하는 동안 여러 해를 한국오엠훈련원의 이사장으로 섬긴 일이 있고 조지 버워가 한국의 여러 선교 대회에 강사로 말씀을 전할 때 여러 차례 통역을 한 일이 있었습니다. 그래서 조지 버워의 사역을 정리하는 성격의 이 책을 매우 인상적으로 읽었습니다.

이 책은 메시올로지 선교뿐만 아니라 메시올로지 목회도 되고 메시올로지 리더십 행전이라고 할 만합니다. 나는 한국의 모든 선교 지도자, 목회 지도자들 그리고 평신도 지도자들까지 이 책을 읽고 가슴을 넓혀 하나님 나라의 위대한 비전을 공유했으면 좋겠다는 갈망이 생겼습니다. 그리고 조지 버워의 가슴 속에 불같이 역사하던 그 성령님의 기름 부으심을 경험할 수 있기를 기도합니다. 그리고 나는 그 나라의 미말의 동역자로서 또 한 번의 한반도의 사도행전을 기다립니다.

– **이동원 목사** 지구촌 목회리더십센터 대표

오엠선교회를 세운 조지 버워의 영성은 혁명적이다. 1960년대는 혁명의 시대였다. 흑인 인권 운동이 출현했다. 마약, 히피 문화, 페미니스트 운동은 사회적 혁명을 추구했다. 이 시대에 조지 버워는 사랑의 혁명을 주창했다. 전폭적인 제자도를 실천했다. 혁명 정신으로 모든 것을 버리고 그리스도를 따르라는 제자로의 부름을 강조했다. 그의 메시지는 단순한 삶의 방식simple lifestyle을 선택하라는 전폭적 소명, 세상 것들에 얽매이지 말고 전 세계에 복음을 전하는 일에 집중하자는 부르심이었다. 나는 1981년 이 부르심에 순종하였다. 오엠 선교사가 되어 로고스 선교선에 올랐다. 영적 혁명의 동지가 되었다.

이제, 조지 버워가 사랑의 혁명을 주창한 지 60여 년이 지났다. 세상이 바뀌고 오엠과 조지 버워도 바뀌었다. 오엠은 그동안 세계 전역에서 사역하면서 다양한 문화와 관습을 수용했다. 성경 말씀의 권위를 지키면서, 서구 계몽주의 가치관을 탈피하여 중동, 라틴아메리카, 아프리카 및 아시아의 보다 총체적인 모델을 수용하였다. 다채로운 선교 경험을 통해 조지 버워는 하나님의 선교와 선교적 신비를 배웠다. 이 책은 선교 현장에서 하나님의 신비를 평생 경험하며 배운 조지 버워 초대 총재의 제자도, 오엠 영성의 진수와 영적 보화를 담은 보물 상자이다. 오늘 우리에게 꼭 필요한 소중한 선물이다.

– **임윤택 교수** 윌리엄 캐리 국제대학교 글로벌리더십센터 원장

1975년 오엠 로고스 선교선이 처음으로 한국을 방문했을 때 나는 선교선 선발팀을 돕고 자원 봉사하면서 오엠 선교 사역을 경험할 수 있었다. 1978년 로고스 선교선의 두번째 한국 방문 사역에 동참한 후에 선교사로 파송되었고, 유럽에서 열린 오엠 여름 단기 선교 프로그램에 동참했다. 그때 조지 버워를 처음 만나 그분의 열정적인 메시지를 듣고서 큰 은혜와 도전을 받았다. 오랜 세월이 흘렀지만 그때 들었던 메시지를 아직도 생생하게 기억하고 있으며, 지난 40여 년 나의 선교에 기초가 되어 주었다. 그때 메시지는 선교에는 오엠 선교선처럼

Ship이 필요한데, Worship예배, Discipleship제자도, Fellowship교제, Partnership협력이라고 역설하였다.

조지 버워는 선교적 메시지를 선포할 뿐만 아니라 실제 삶에서 실천해 오면서 수많은 사람을 선교에 도전하며 동원하고 훈련하며 세계적인 선교 단체로 발전시키고 이끌어 오셨다. 그분의 선교적 열정과 비전, 성육신적인 삶, 섬기는 리더십은 나의 선교적 삶과 사역에 훌륭한 롤 모델Role Model이 되었다.

이번에 한국어로 출판되는 이 책에서 "오늘날 이 시대에 우리가 어떻게 선교적인 삶을 살아야 하는가?"에 대한 답과 좋은 대안을 제시해 주리라 믿고 이 책을 강력하게 추천한다.

– 전철한 목사 한국외국인선교회 대표

나는 조지 버워를 사랑하고, 이 책을 사랑한다! 그리스도인의 삶에 대해 조지 버워 만큼이나 강력한 메시지를 전하는 사람은 이 지구상에 별로 없을 것이다. 그는 수십 년 동안 전 세계를 돌며 가장 약한 자들, 절망한 사람들, 잃어버린 영혼들에게 복음을 들고 지체 없이 달려갔다. 그는 그 여정을 달려오면서 하나님의 도움으로 가장 주목할 만한 선교 사역을 이루었으며, 이를 통해 지금도 매일같이 수천 명의 사람에게 주님의 복음이 전해지고 있다.

– 앤디 호손Andy Hawthorne 영국 복음주의자, The Message Trust 창설자

조지 버워는 60여 년 사역을 해 오면서 하나님의 은혜를 사모하는 중재자, 죄인들의 친구, 실제적 삶의 지혜의 등대가 되어 주었다. 이 책은

바로 그런 책이다.

그냥 흥미롭게 읽거나 묵상하기 위한 책이 아니라, 실제 경험에서 우러나온 성경의 통찰력을 삶에 적용한 삶의 지침서다. 독자 여러분이 인생 항로에서 파선하지 않도록 잘 안내하고 도와줄 것이다.

 – 그레그 리빙스톤 Greg Livingstone 박사, 프론티어즈 Frontiers 창설자

이 책은 조지 버워의 최고 걸작이다! 현시대 최고 설교자들 중 한 사람인 버워는 청중의 마음을 사로잡는 메시지의 순박함과 열정을 이 책에 고스란히 담고 있으며, 오늘날 기독교계가 직면한 난제들과 이슈들을 잘 다루고 있다.

얇고 쉽게 읽을 수 있는 이 책은 실용적인 신학과 제자도에 있어서 고전이라고 말할 수 있다. 약한 자를 통해 강하게 역사하시는 하나님의 은혜이며, 투명하고 정직한 사람이 채굴한 귀중한 보석과 같다.

나의 모든 학생들의 손에 이 책을 안겨 주려고 한다.

 – 토니 사전트 Tony Sargent 박사, 국제기독대학 International Christian College 명예 총장

조지 버워의 생애와 사역에 대한 다큐멘터리 영상물을 찍기 위해 함께 여행하고 일하면서, 인터뷰에서뿐만 아니라 그가 매일 삶에서 보여 주고 나누어 준 활기찬 "생명수"로 정말 많은 은혜를 받았다. 내가 그런 특권을 누렸듯이 이 책을 읽는 독자들도 동일한 축복과 감동, 격려를 받고 그의 열정을 함께 품게 될 것이다. 이 세상이 예수님을 알도록 그리고 우리가 예수님을 더욱 닮아가도록.

 – 말콤 터너 Malcolm Turner, 기독방송협회 Christian Television Association 대표

이 책은 조지 버워 최고의 작품이다! 각 장은 개별적으로도 그 내용이 알차서, 여러분은 그 속에서 값으로 매길 수 없을 만큼 귀중한 진리의 꾸러미들을 발견할 것이다. 아마 '메시올로지'라는 단어는 얼마 가지 않아 널리 쓰이는 말이 될 것이다.

– 피터 메이든 Peter Maiden, 오엠선교회 2대 총재

이 책은 영감을 받아 쓴 것이며 필독서로 추천한다! 책 내용의 그 높이와 깊이와 너비는 독자의 영적 생활을 비추어 볼 수 있는 거울이 될 것이다. 하나님께서 성경 말씀과 동료 순례자들을 통해 조지 버워의 삶에 어떻게 영향을 끼치시고, 능력을 주시고, 원동력이 되셨는지 이에 대한 간증은 우리에게 큰 도전이 된다. 이 책은 우리 자신의 영적 순례의 길을 잘 안내할 것이라고 확신한다.

– 로빈 오크 Robin Oake 『아버지, 용서하소서: 용서할 수 없는 사람을 용서하는 법』

Father, Forgive: How to forgive the unforgivab 저자

간결하고, 강력한 메시지가 담긴 각 장을 정말 재미있게 읽었다. 이 책에는 유머가 있고, 삶의 실재, 겸손, 균형 잡힌 삶에 대한 간절한 열망이 담겨 있다.

– 마이클 윌트셔 Michael Wiltshire 전 『파이낸셜타임즈』The Financial Times 기자

헌사

오엠이나 다른 곳에서 만난 사람들, 특히 자신의 삶에 실망하고 뭔가 잘못되었다고 여기는 모든 사람에게 이 책을 바친다. 자신들이 가진 플랜 A 내지 다른 대안으로 플랜 B가 아니라 하나님의 계획, 마스터 플랜 M이 있다고 믿는다. 나는 그들에게 하나님의 큰 계획을 상기시키고 그분의 놀라운 은혜에 힘입어 앞으로 나아가라고 용기를 주고자 한다. 늘 이 하나님 말씀을 기억한다.

> 그가 우리를 위하여 목숨을 버리셨으니 우리가 이로써 사랑을 알고
> 우리도 형제들을 위하여 목숨을 버리는 것이 마땅하니라 _요일 3:16

감사의 글

— ⚜ —

이 책이 출판되도록 도와주신 모든 분께 감사를 드리고 싶다. 때로는 녹음 테이프나 CD 혹은 책을 통해서 내 삶에 영적으로 많은 영향을 끼친 수백 명에게 감사를 드린다. 특별히 영적 아버지인 빌리 그레이엄 목사님 그리고 두 번째로 가장 큰 영향을 끼친 크리스천 리더였던 오스왈드 J. 스미스 박사님께 감사드리고 싶다. 또한 부모님, 아내 드레나, 누이와 가족 모두로 인해 주님께 특별히 감사드린다.

내가 가장 최근에 쓴 책, 『메시올로지』 *Messiology* 가 한국어로 출판되는 소식을 듣게 되어 매우 기쁘고 감사하게 생각한다.

나는 수차례에 걸쳐 한국을 방문할 기회가 있었다. 사실 내가 한국인들에게 특별한 마음과 사랑을 가지기 시작한 것은 초신자로서 1957년 월드비전을 통해 전쟁 고아를 후원하면서부터였다. 그때 내가 다니던 메리빌대학 *Maryville College* 에서 가장 친하게 지내던 친구들 중에 한 명도 바로 북한 출신이었다. 나의 어린 시절에 한국 전쟁은 역사적인 대단한 사건이었고, 그 당시 비극적인 상황 가운데 하나님은 과연 어디 계신지 묻곤 했다. 우리는 오늘날 교회들이 분열되거나 극단주의로 치닫는 것을 보거나 주요 리더들이 죄를 짓고 실패할 때 "하나님께서는 어디에 계십니까?"라고 동일한 질문을 하게 된다.

지난 60여 년 동안 사역해 오면서 여러 교회나 선교지에서 암담하고 엉망인 상황을 수없이 목격하였는데, 하나님께서 "메시올로지"라는 용어를 나에게 주셨다. 물론 이 말은 사전에서 찾을 수 없고, 번역하기 어려울 것이다. 그렇지만 그 개념은 어렵지 않을 것이며, 사랑하는 나의 오랜 동역자 이영규 *Benjamin Lee* 선교사가 이해할 수 있도록 잘 번역할 것이라 믿는다. 이 책은 지난 몇 년 동안 여러 나라 언어로 번역되었고 10만 부 이상 인쇄되었다. 이 책을 읽고서 수백 명이 나에게 이메일을 통해 그들에게 얼마나 큰 도움이 되었는지, 특별히 완벽주의, 판단과 정죄 등 잘못된 태도로부터 해방되었다고 말해 주었다. 많은 사람이 이 책을 통해 하나님께서는 더 크고 위대하시다는 것을 알게 되었다고 고백했다. 더욱 중요한 것은 우리의 부족하고 불완전함을 통해 일하시는 하나님을 그들이 알게 되었다는 것이다.

많은 목회자가 그들이 섬기는 교회 성도들의 높은 기대치에 부응하지 못해 상처를 받고 감정적 '피해'를 입는 것을 목격했다. 이는 목회자들이 사역을 중단하도록 강요 당하고, 결국 사역의 자리로 다시는 돌아갈 수 없도록 만들기도 한다. 이런 상황을 사탄은 즐거워하고 은혜의 메시지를 싫어하지만, 하나님의 말씀에는 용서와 은혜에 대한 분명한 약속이 있다.

성경 말씀은 우리에게 죄가 없다고 말하면 스스로 속이는 것이라고 말한다. 요한일서 1장 10절은 "만일 우리가 범죄하지 아니하였다 하면 하나님을 거짓말하는 이로 만드는 것이다."라고 분명히 말한다. 특별히 어떤 리더가 죄를 짓는 것을 발견하거나 알게 되었을 때 우리는 종종 악의적인 소문을 퍼트리기 시작하고 결국에는 파탄의 지경에 이르게 한다. 만약 이 책이 그러한 상황을 하나라도 막을 수 있다면 이 책은 읽을 만한 충분한 가치가 있다고 본다. 나는 이 책에 대한 수익을 취하지 않는다. 나의 간절한 열망은 이 책에 담긴 성경적인 메시지를 가능한 한 많은 사람에게 널리 전하는 것이다. 여러분이 시간을 내어 이 책을 읽고 주님의 놀라운 은혜와 위로를 경험하길 바라며 기도한다.

조지 버워 George Verwer
오엠 창설자 및 초대 총재

역자 서문

1986년 오엠 사역을 시작한 이후, 여러 오엠 모임과 국내외 집회에서 조지 버워의 통역자로 섬길 수 있는 기회를 가졌습니다. 그때마다 세계 선교를 향한 비전과 뜨거운 열정을 가지신 그분이 전하시는 강력한 메시지를 통한 하나님 말씀의 능력과 성령님의 놀라운 역사를 목격하였습니다. 그 후로도 집회를 통해 때로는 책을 통해 접하는 조지 버워의 메시지는 일상에서 만난 그분의 모습 그대로였습니다. 바쁜 사역 일정 중에도 지난 수십 년이 넘도록 한결 같은 마음으로 연락 주시고, 종종 근황을 묻고 기도해 주셨습니다. 유익한 도서들과 선교 자료들을 수시로 보내 주셨으며, 물심양면으로 격려를 아끼지 않으셨습니다.

언제나 하나님 말씀을 실천하며 살아가시는 그분의 삶을 보고 많은 것을 배우곤 했습니다. 그것은 조지 버워의 책, 『약한 나를 강하게』*Drops from a leaking tap*를 번역하며 되살아났고, 이번에 만나게 된 『메시올로지』*Messiology*를 통해 다시금 소용돌이치며 나를 일깨우고 있습니다. 단어 하나하나, 문장 하나하나에 숨어 있는 뜻과 의미를 놓칠세라 기도하고 번역하는 일이 쉽지 않은 과제였지만 성령님의 은혜와 도우심을 경험할 수 있었습니다. 정확한 의미로 번역하는데 부족하고 미흡한 부분이 있더라도 독자들에게 성령님의 동일한 은혜와 감동이 있기를 바랍니다.

『메시올로지 - 이해되지 않을 때도 하나님이 행하시는 신비한 역사』에서 조지 버워는 지난 80년의 삶과 60년간의 선교 사역을 되돌아보며 자신이 몸소 체험한 주님의 은혜와 삶의 지혜를 진솔하게 나누고 있습니다. 우리가 도저히 이해할 수 없는 엉망진창이고 암담한 상황에서도 하나님께서 행하시는 놀랍고 신비한 역사를 역설적으로 선포하십니다. 코로나19 팬데믹으로 우리 상황이 급격히 바뀌었고 미래가 암울해 보이지만, 변치 않으시는 하나님의 긍휼과 위로를 이 책을 통해 새롭게 경험하시길 바랍니다. 약함과 좌절 가운데 있는 우리에게 오늘도 하나님께서 행하시는 하나님의 놀라운 능력과 역사를 신뢰하며 감사와 찬양을 드립니다.

이영규 Benjamin Lee

차례

여는 글

『메시올로지』는 두 가지 이유에서 중요한 의미가 있다. 첫째는 이 책 저자에 관한 것이고 둘째는 책 내용이다.

첫째, 조지 버워가 창설한 오엠Operation Mobilization 선교회는 하나님의 주권과 인도하심으로 20세기의 가장 국제적이고 중요한 선교 단체 중에 하나가 되었다. 1950년대 말에 시작한 오엠은 다음과 같이 잘 알려져 있다.

- 전 세계적으로 다양한 언어의 나라 가운데, 지속적인 가치를 지니고 복음을 영향력 있게 전하는 기독 문서 출판과 문서 사역에 크게 공헌했다. 오엠은 선교에 관심을 가진 그리스도인들에게 매우 중요한 자료인, 『세계 기도 정보』Operation World 의 초판 출간을 적극 지원했다.
- 단기 선교 사역의 창의적이고 다양한 기회를 제공한 (오엠은 여전히 장기와 평생 사역을 강조하지만) 선교 단체로는 아마 전 세계적으로 오엠이 처음일 것이다. 그 결과 오엠 출신의 많은 사역자가 예수전도단YWAM 이나 국제복음주의학생협의

20   메시올로지 Messiology

회 IFES, 프론티어즈Frontiers 등과 같은 여러 선교 단체의 중요한 리더들이 되었다.

■ 조지 버위의 리더십 아래, 오엠은 로고스를 시작으로 로고스2, 둘로스, 로고스호프의 선교선 사역이 계속되고 있으며, 이러한 선교선 사역을 통해 수백만 명의 사람에게 복음을 전했다.

■ 정보가 거의 없었던 1960년대부터 오엠은 복음을 쉽게 받아들이지 않는 문화권, 즉 인도, 남아시아, 터키, 동유럽, 중동 등지에 복음을 들고 갔다. 이런 지역에 여전히 집중하고 있으며, 이 모든 사역이 지금도 계속 귀한 열매를 맺고 있다.

■ 많은 선교 단체가 오엠에서 경험을 쌓은 사람들에 의해 시작되었다. 인도의 달릿 Dalits 사람들을 위해 사역하는 선한목자선교회 Good Shepherd Movement, 미전도 종족과 대도시 사역에 특별히 집중하는 파이어니어즈선교회 Pioneers 등이 잘 알려져 있다.

창의적, 전략적, 혁신적인 영향력으로 나를 포함한 수많은 사람이 조지 버위를 오늘날 우리 시대에 경험 많고 가장 훌륭한 선교 리더들 중 한 분으로 존경한다. 이러한 사실을 놓고 볼 때, 그가 쓴 책이라면 어떤 것이라도 읽을 만한 충분한 가치가 있다고 나는 감히 여러분에게 말한다!

둘째, 이 책은 거의 60년이 넘는 오랜 세월 동안 조지 버워와 오엠 사역 전체를 군건하게 지탱해 준 신념들을 요약해 놓았는데 다음과 같다.

- 근본적으로 성경의 진리에 군건히 뿌리 내리는 것이 필요하다. 이와 동시에, 다른 의견을 가진 사람들을 은혜롭게 대해야 한다.
- 그리스도를 섬기는 전폭적인 제자도의 부르심이다. 절제와 기쁨이 있고 경건한 생활 방식을 말한다.
- 다른 그리스도인들을 최대한 존중하고 믿으며, 뒷담화를 삼간다. 마음에 상처를 준 사람들에 대한 분노나 원망을 품지 않는 것이 중요하고, 다른 사람들과 너그러운 마음으로 협력한다.
- 하나님의 신비하고 섭리적인 주권을 믿는다. 매우 복잡하고 엉망인 상황에서조차, 하나님께서는 많은 복을 주신다. (조지 버워는 "메시올로지"라고 부른다.)
- 긍휼 사역과 더불어 복음 전도가 함께 가는 균형 잡힌 선교 사역이 필요하다.
- 믿지 않는 자들과 미전도 종족들에게 복음을 지속적으로 전해야 하는 절박함을 가져야 한다. 이것은 여전히 조지 버워와 오엠의 가슴을 오늘도 뛰게 한다.

이런 확신이 조지 버워의 사역을 지난 수십 년 동안 견고하게 만들고 이끌어왔기 때문에 귀 기울여 들을 만하다. 이 책의 마지막에 가서, "하나님의 신비한 역사와 긍휼, 은혜의 메시지, 메시올로지가 없다면 나는 실패자다."라고 말한다. 그러나 사실 그는 결코 실패자가 아니다. 그렇기 때문에 평생 학습자이자 선교 지도자로서 그의 고백은 읽어볼 만한 충분한 가치가 있다. 이 책을 유심히 읽고서 적용한다면 다음 세대를 위해 전폭적이고 온전한 제자들을 배출할 것이다.

린제이 브라운 Lindsay Brown
국제로잔복음화운동 Lausanne Movement for World Evangelism 국제 대표,
국제복음주의학생회 IFES 사무총장 역임

하나님의 신비, 긍휼, 메시올로지

몇 년 동안 나는 책을 한 권 더 쓰는 것에 대해 기도하며 씨름했다. 글 쓰는 재능이 있는 것도 아니고, 시간을 많이 낼 수도 없고 해서, 이 일에 전력을 다하기는 더욱 어려웠다. 처음 주님을 만나고 회심했을 때로 거슬러 올라가면, 나는 그 당시 늘 다른 사람들이 쓴 책에 많은 관심과 열정을 갖고 있었다. 그 이후부터 나는 평생에 걸쳐 위대한 크리스천 작가들의 책들을 출판하고 배포해 왔다. 심지어 내가 쓴 책에서 가장 큰 좋은 점 중 하나는 다른 사람들의 책들을 많이 소개하는 것이었다. 내가 쓴 다른 책들을 보면 그것을 확인할 수 있다.

■ 내 책이 약 50개 언어로 번역되어 전 세계에 100만 부 넘게 발행된 점은 정말 놀랍다. 첫 번째 책, 『실재를 향한 갈망』*Hunger for Reality*, Authentic Lifestyle, 1996을 읽은 독자들로부터 2만 5천 통이 넘는 편지를 받았다. 어디를 가든지 사람들은 이 책으로 어떻게 도움을 받았는지 이야기해 주었다. 그것은 커다란 격려가 되었고,

오직 주님께 감사드릴 뿐이다.

■ 『약한 나를 강하게』*Drops from a Leaking Tap*, 예영커뮤니케이션 역간, 2014에서는 단 한 장에서만 내 삶과 오엠 역사에서 일어난 가장 큰 변화에 대해서 서술했다. 그 변화는 바로 사회적 이슈들과 사회적 참여를 우리 사역의 중대한 일부로 받아들이는 것이었다. 이번 책, 『메시올로지』는 이러한 변화에 대해서, 도전과 복잡성, 얼마나 쉽게 함정에 빠질 수 있는지 좀 더 자세히 나누고자 한다.

어떻게 표현해야 할지 모르겠지만, 대체로 많은 리더와 그리스도인들이 삶과 사역에서 큰 실수를 저지른다고 생각한다. 나도 꽤 실수를 저질렀기에 실수를 나눔으로써 다른 사람들이 그러한 함정을 피해가는 데 도움을 받을 수 있기를 바란다. 어려운 상황에서는 누군가 심각하게 피해를 입거나 교회가 피해를 입지 않고서는 빠져나올 도리가 없다는 것을 목격하며 배웠다. 여러분이 1장에서 읽게 되듯이, 내가 18살 때, 화재를 진압하는 소화기 판매 사업을 하였는데, 나는 사도행전을 읽으며 미국 서부에 있는 그랜드 캐니언을 향해 운전하고 있었다. 이때 나의 인생 구절을 만나게 되었다.

내가 달려갈 길과 주 예수께 받은 사명 곧 하나님의 은혜의 복음을 증언하는 일을 마치려 함에는 나의 생명조차 조금도 귀한 것으로 여기지 아니하

노라 _행 20:24

그리스도를 믿은 후 지난 60년이 넘는 세월을 되돌아보는 지금, 거의 매일같이, 위의 말씀이 내 삶에서 새롭게 와 닿는다고 말할 수 있다. 앞으로 남은 인생이 몇 년이든 상관없이 이 말씀과 기도는 계속 나의 삶의 실재가 될 것이다. 여러분은 이 말씀에서 삶의 실재와 열정을 느낄 수 있는가? 이 성경 구절을 읽고 여러분 또한 그것을 인생의 목표와 목적으로 삼을 수 있는가? 만약 그렇다면, 여러분에게 이 책이 여러모로 유익할 것이다. 『약한 나를 강하게』와 같이 이 책도 각 장이 독립된 주제를 다룬다. 기억력의 한계로 다른 책과 겹치는 부분도 좀 있을 수 있지만, 필요하고 중요한 내용을 두 번 읽는다고 손해가 되지는 않을 것이다.

이 책의 독자들이 나의 다른 책들도 다시 읽어 보기를 기도한다. 요즘은 무료로 책을 구할 수 있는 곳도 많다. 또한 다른 사람들에게 이 책에 담긴 메시지를 나누는 데 동참해 주기를 바란다. 주님과 하나님의 사람들로부터 배운 모든 것을 가능한 한 많이 다음 세대에 전하고 싶은 열망이 크다. 어떤 면에서 내가 쓴 글이 약간 "전형적인 틀에서 벗어난다."라고 말하는 사람들도 있지만, 다른 한편으로, 어느 정도 상식과 영적 분별력이 있는 사람들에게는 매우 기초적이고 이해하기에 그렇게 어렵지 않을 것이다.

이 책의 서문을 마무리하면서 나는 차이코프스키, 모차르트, 베토벤의 위대한 클래식 피아노 음악을 듣고 있다. 며칠 전, 아내 드레나를 런던의 로열 앨버트 홀 음악회에 데리고 갔다. 내가 쓴 것 중 최소한 일부는, 특히 용서와 은혜에 관한 글이 여러분 귀에 그런 클래식 음악과도 같이 들리기를 바란다. 그리고 이 책을 읽고 여러분의 삶이 지금보다도 더욱 아름다운 교향곡과 같이 되기를 기도한다. 데이비드 플랫의 『래디컬』, 찰스 스윈돌의 『은혜의 각성』 같은 책에서 말하는 전폭적인 제자도의 도전이 균형 잡힌 삶의 실재로 이뤄지길 바란다. 또한 세상 모든 사람이 복음을 듣고 모든 민족 가운데 교회가 세워지도록, 세계 선교와 복음 전도를 위해 어떤 대가라도 치를 수 있기를 호소한다. 독자 여러분들 중에서 이 위대한 비전과 과업을 위해 동참하는 사람이 많이 나오길 바란다.

내가 받는 모든 이메일은 개인적으로 답장하기 때문에 연락해 주길 바라며, 나의 이메일 주소는 george.verwer@om.org이다.

주님의 은혜에 사로잡힌
조지 버워

1장

메시올로지

● ● ●　　　　　　　　　　　　　나의 책, 『안전지대는 없
다』 *Out of the Comfort Zone*, 죠이선교회출판부 역간, 2001를 썼을 때, 나에게 은
혜에 대한 각성이 우리 가운데 더욱 일어나야 한다는 부담이 컸
고, 특히 세계 선교를 하는 이들을 위해 더욱 그런 마음이 생겼
다. 사실, '은혜'에 대한 장 章은 '리더십'에 대한 내용과 더불어
『은혜로 깨달은 리더십』 *Grace Awakened Leadership* 이라는 소책자를 별
도로 만들어 출간했다. 복음을 들고 열방으로 나아가 사역하는
사람들이 대인 관계에서 생기는 갈등으로 많은 지역 교회가 매우
심각하고 복잡한 분열을 겪는 이야기를 계속 듣게 된다. 관계가
호전되었다는 소식도 있지만, 솔직히 말해서 어떤 경우는 이전보

다 더 악화되었다는 경우가 많았다.

예전에 쓴 책에서 '메시올로지'의 원리를 제대로 나누지 못했기 때문에, 이번 책에서 시도해 보고자 한다. 메시올로지라는 말은 내가 임의로 만들어 낸 것인데, 사실 이것은 전적으로 하나님과 그분의 역사하심에 대한 것이고 이미 수천 년 동안 존재해 왔던 것이다.

성경은 현실적이고 정직한, 경건한 삶에 대한 가르침과 훈계로 가득하다. 고린도전서 13장 말씀을 따르고 지킨다면, 우리의 삶과 교회는 완전히 바뀔 것이다. 이 점에 대해서 나의 책, 『사랑의 혁명』*The Revolution of Love*, Authentic Media, 2008에서도 나누었다.

내가 사람의 방언과 천사의 말을 할지라도 사랑이 없으면 소리 나는 구리와 울리는 꽹과리가 되고 내가 예언하는 능력이 있어 모든 비밀과 모든 지식을 알고 또 산을 옮길 만한 모든 믿음이 있을지라도 사랑이 없으면 내가 아무 것도 아니요 내가 내게 있는 모든 것으로 구제하고 또 내 몸을 불사르게 내줄지라도 사랑이 없으면 내게 아무 유익이 없느니라 _고전 13:1-3

우리가 보기에는 정말 '엉망'이라고 말할 수 있는 상황에서도 하나님께서는 주권적으로 일하시고 역사하시는 것을 볼 수 있다. 여기에서 나는 메시올로지 Messiology 라는 말을 만들었다. "두세 사람이 그분의 이름으로 모인 곳은 곧장 엉망이 되고 만다."라는 속언을 지어내 수년간 사용해 왔다. 나의 메시지를 듣던 청중들은 이 말을 듣고서 웃음을 터트리곤 했는데, 사실 얼마나 많은 사람이 실제 그런 경험을 했는지 물어 보면, 대부분 수긍하며 손을 든다. 그러면 나는 메시올로지를 이어서 설명해 준다. 그것은 간단히 말해, 하나님은 사람들을 당신께 이끌기 위해 인내와 긍휼, 열정으로, 종종 엉망인 상황에서도 위대한 일을 행하신다는 말이다. 죄나 실패, 일을 그르치는 것에 대한 변명이 결코 아니다. 모든 그리스도인은 당연히 그와는 정반대를 원하지만, 그저 동전의 양면처럼 존재하며, 이것은 하나님께서 일하시는 방식이다. 사도행전의 많은 내용과 신약 성경의 각 서신서에서 이 점을 잘 보여준다.

고든 맥도날드의 『무너진 세계를 재건하라』*Rebuilding Your Broken World*, 비전북출판사 역간, 2006와 다른 많은 좋은 책이 이러한 확신을 가져다 주었고, 지금은 더욱 강하게 믿고 있다. 무엇보다도 이 점이 하나님과 그분의 일하심을 이해하는 데 있어서 많은 도움이 되었다. 때때로 나는 이것을 '전폭적인 은혜'*radical grace* 라고 부른다. 지난 60여 년 동안, 100여 개국의 나라에서, 수천 개의 교회와 선교 단체 상황을 보면서 종종 엉망인 것처럼 느꼈다. 때로는 회개해야 하는 분명한 죄와 연루되기도 했다. 어떤 경우에는 그냥 좀 우스꽝스러웠고, 뭐라고 표현해야 할지 모르겠지만 하나님의 백성으로서 도저히 믿기지 않는 어처구니 없는 일이 벌어진 상황도 있었다. 전에도 이야기했지만 강하게 느끼는 바는 우리가 성령으로 충만하다 할지라도 여전히 지극히 연약한 인간이라는 점이다. 우리 인간 됨에는 아름다운 면도 있지만 약하고 엉망인 면도 존재한다.

나는 기독교계 많은 리더를 존중하고 그분들을 모두 은혜롭게 대하려고 노력하지만, 지난 60여 년 동안, 정말 그릇된 언행을 저지르는 교계 리더들과 선교사들을 보았다. 그리고 때로는 나 역시도 그런 적이 있다. 그런데 좀 더 세심하게 관찰해 보면 그런 와중에서도 하나님께서 개입하시고 역사하신다. 이렇게 말하면 이해하기 어려워하는 독자들도 있겠지만 죄 가운데 살고 있음에도 불구하고 하나님께서 그런 사람들을 종종 사용하시는 것을 보았다. 하나님께서 목회자들을 쓰셔서 사람들이 구원 받고 교회가 성장하고 제자들이 훈련 받는 것을 보았는데, 나중에서야 그들이 성적인 죄나 부정을 범했던 것을 알게 된다. 그들 중에는 결혼하고 자녀도 있는 사람들인데도 말이다. 물론 그런 행동은 시간이 지나면서 발각되기 마련이고, 결국 그들이 사임하고 때로는 이혼하거나 더 안 좋은 일이 생기기도 한다. 그리고 몇 년이 지나서 만나 보면, 그들은 새로운 배우자를 만나 함께 사역에 쓰임을 받고 있다. 이 부분에 대해서 따로 책 한 권을 쓴다면 나는 수많은 사례를 제시할 수 있다. 이것을 어떻게 설명할 수 있을까? 바로 메시올로지다!

이런 메시올로지를 둘러싸고 있는 또 다른 핵심어는 하나님의 '신비'와 '긍휼'을 꼽을 수 있겠다. 로마서 11장 마지막 구절이 나에게 거듭 도움이 된다.

> 깊도다 하나님의 지혜와 지식의 풍성함이여, 그의 판단은 헤아리지 못할 것이며 그의 길은 찾지 못할 것이로다 _롬 11:33

어떤 사람들, 특히 리더들은 자기가 생각하기에 잘못된 신학을 가진 자들을 통해 하나님께서 크게 역사하실 때, 그것을 받아들이기 매우 어려워한다. 어떻게 그럴 수가 있는가? 별난 세상에 살고 있는 듯한 텔레비전 방송의 강연자나 설교자와 같은 이들에게 불만을 품은 사람들을 만날 때가 있다. 그러한 방송은 거들떠보지도 않을 것이라고 말하는 사람이 많다. 어떤 기독교 방송을 비판하는 소식을 듣게 되는데, 나 자신도 동의하는 부분이 있다. 그런 프로그램에서 방영하는 내용, 특히 무슨 비즈니스와 같은 막대한 후원금을 모금하는 것을 보면 억장이 무너진다. 그러나 나중에 천국에 갔을 때, 바로 그런 사역을 통해서 그리스도께 돌아온 수백 수천 명의 사람을 만나게 되더라도 놀라지 마라! 우리에게는 빌립보서 1장 15-18절에서 사도 바울이 보여 준 태도가 필요한 것이 아닐까?

어떤 이들은 투기와 분쟁으로, 어떤 이들은 착한 뜻으로 그리스도를 전파

하나니 이들은 내가 복음을 변증하기 위하여 세우심을 받은 줄 알고 사랑으로 하나 그들은 나의 매임에 괴로움을 더하게 할 줄로 생각하여 순수하지 못하게 다툼으로 그리스도를 전파하느니라 그러면 무엇이냐 겉치레로 하나 참으로 하나 무슨 방도로 하든지 전파되는 것은 그리스도니 이로써 나는 기뻐하고 또한 기뻐하리라.

우리가 전혀 관계를 맺고 싶지 않은 사람이나 사역을 하나님께서 사용하신다는 점은 분명하지만 받아들이기 힘들다. 나는 단돈 만 원도 기부하고 싶지 않은 사역인데, 하나님께서는 후원하시는 것 같을 때가 있다. 우리는 이런 상황을 애써 이해하려고 자신의 사고 틀에 맞춰 보려고 하지만, 때로는 정말 앞뒤가 안 맞을 뿐이다. 정답은 바로 메시올로지다! 이를 자세히 설명하자면 책 한 권을 더 써야 할 것이다. 나를 도와줄 작가가 두 명이나 있지만, 가능할지 모르겠다. 정말 온통 엉망진창이 된 것이 많다!

엉망이 되어버리는 또 다른 중대한 핵심 영역은 선교 인력과 사역에 대한 후원과 재정 관리 전반이다. 들려오는 안 좋은 소식들 중에, 현지에서의 자금 오용에 관한 충격적인 이야기들이 있을 때, 우리가 원한다면 얼마든지 밝혀낼 수 있다. 하지만 그렇게 한다면, 후원자들은 전혀 후원하려고 하지 않을 것이다. 또 '외부 의존적' dependency 이라는 말이 주목을 받으면서 여기에 대해 매우 극단적인 태도를 취하는 글이나 책도 나왔다. 나는 이런 추세가 혼란을 일으킨다고 믿는다. 수만 킬로미터나 멀리 떨어진 곳이지만, 위험을 감수하며 지원하는 (학교와 같은) 프로젝트를 후하게 후원하는 것이야말로 주님의 교회가 세워지고 복음이 전파되는 데 긍정적인 주된 요인이 된다는 것을 역사가 증명해 줄 것이라고 확신한다. 이 부분에 대해서도 책 한 권을 쓸 만한 능력과 시간이 있으면 좋겠다.

애석하게도, 어떤 사람들은 재정적으로 곧바로 자립할 것 같지 않으면 새로운 학교나 그 비슷한 프로젝트를 위해 후원하지 않는다. 이것은 특별히 인도와 같은 나라에서는 커다란 실수다. 인도에서는 학교가 재정적으로 자립하는 것을 오랫동안 강조해 왔다. 그 때문에 극빈자들(대개 달릿이나 부족민들)이 다닐 수 있는 좋은 학교는 매우 드문 반면, 학비를 받는 학교는 수천 개나 된다. (그렇다고 이 점이 잘못되었다는 말은 아니다.) 극심한 빈곤이라는 복잡한 상황에서, 우리는 학교가 자립적으로 운영하기 전까지 많은 재정이 필요하다는 것을 예상해야 한다. 졸업생들이 생기고 그들이 직업을 가진 후에 재정적으로 자립할 때까지는 어쩌면 수십 년이 걸릴 수도 있다. 극빈의 굴레에 갇혀 있는 약 3억 명의 인도 불가촉 천민들이 직면하고 있는 것이 무엇인지 상상할 수 있는가? 이러한 특수한 상황에는 매우 특별한 너그러움이 필요하고, 이런 곳은 세상에 수없이 존재한다. 이런 경우 '외부 의존적'이라는 말로 사역을 가로막는 선교 전략은 던져버려야 할 큰 걸림돌이다. 분별력이 없어도 된다거나 후원금 사용에 대한 점검을 그만두자는 의미가 아니다. 재정과 프로젝트를 다룰 만한 적합한 인재를 현장에 두는 것은 무엇보다도 중요하다. 그렇지만 나는 여전히, 뭔가 잘못되고 엉망인 상황에서도 때로는 우리가 깨닫는 것보다 훨씬 더 놀랍게 하나님께서 일하신다는 것을 나중에 역사가 보여 주리라 믿는다. 완전히 잘못된 프로젝트를 위해 후원하느라 재정을 낭비했다고 생각한 사람들, 교회들, 재단들은 나중에 천국에 가면 그들의 재정 후원으로 인한 많은 위대한 결과를 발견하게 될 것이다.

이 모든 것 가운데 우리는 더 많은 지혜와 센스가 필요하고 내가 '파괴적 이상주의'destructive Idealism 라고 부르는 것을 인식할 필요가 있다. 만약 이 이상주의가 우리 중 많은 사람에게 있는 완벽주의적인 성향과 합치면, 많은 실망, 불일치, 혼란을 야기시킨다. 어떤 치우친 가르침이나 견해를 내세우는 많은 책 때문에, 다른 사람들과 교회들과 선교 단체들, 그들이 하는 일에 대하여 사실과 다르게 말하게 된다. 우리가 조금 더 많은 지혜와 인내, 겸손을 가질 때, 더 위대한 삶의 실재와 승리의 길로 계속 나아갈 수 있을 것이다.

첫 장을 마무리하지만, 내가 지금까지 알고 있는 것보다 더 많은 논란이 선교지와 교회 리더들 가운데 일어나고 있다. 많은 사

람이 성경적이고 복음주의적이라고 인정받기 원하지만 신앙의
아주 기초적인 부분은 교묘하게 부정한다. 그리스도 밖에 있는
모든 자가 구원을 받지 못한다는 것, 그리스도의 대속적인 죽음
같은 부분이다. 이것은 복음주의 리더들과 단체들 대부분이 지난
수백 년 동안 지지해 온 기본 교리다.

　교회에 대해서 그리고 전 세계 거의 대부분의 나라에서 수백
수천 명이 관여하는 오늘날의 세계적 복음주의 운동에 대해서,
많은 책이 상당히 비판적임을 나는 발견했다. 이 말은 곧, 허드
슨 테일러, 존 스토트, 빌리 그레이엄, 존 칼빈, 워치만 니, 바크
트 싱 Bakht Singh , 윌리엄 캐리, 프란시스 쉐퍼, 찰스 스펄전, D. L.
무디, 페스토 키벤제르Festo Kevengere , 윌리엄 부스, 존 웨슬리, 에
이미 카마이클, 히포의 어거스틴을 비롯하여 이러한 운동이 오늘
날에 이르도록 도운 수백 명의 사람이 잘못되었다고 말하는 격이
다. 그것을 노골적으로 표현하지 않지만, 그들이 쓴 글에서 넌지
시 나타내는 바가 분명하다.
　그들의 저서는 매우 인기 있고 듣기에는 좋은 말이 많지만, 내
가 보기에는 그들 또한 진리에서 벗어나 독자들을 의심과 혼란에
빠트리고, 그리스도의 몸 된 교회 가운데 커다란 불일치를 초래
하며 상당히 많은 교회를 분열시켰다. 대부분이 그들 자신의 교
회나 교단에 대한 비판 때문에 일어난 자연스러운 결과다. 이로
인해 당연히 많은 사람이 그들의 교회를 떠나며 때로는 성경적

진리보다는 사람들의 뜻에 부응하여 새로운 교회를 개척하기도 한다. 아마 그것은 차원이 다른, 더 높은 수준의 메시올로지가 될 것 같다. 이런 상황에서 그 어느 때보다도 더 많은 지혜와 사랑, 분별력이 우리에게 필요하다고 나는 믿는다. 우리는 이러한 어려움과 도전에 직면한 한복판에서 더욱 "예수님을 바라보며" 달려가는 것이 절실히 필요하다.

2장

소화기, 도서, 잠언

● ● ● ●   이 원고를 쓰는 오늘은
마침 딸 크리스타Christa 의 생일인지라, 이 장章을 딸에게 헌정하
고 싶다. 젊은 시절 많은 실수 중 하나는 크리스타가 태어날 때
병원에서 함께 있지 못한 것이다. 해외에서 열린 회의에 참석하
고 돌아오는 길이었는데, 영국 랭커셔주의 리 Leigh 에 있는 병원에
아내가 입원할 수 있어서 얼마나 다행한 일인지 모른다! 딸의 출
생이라는 중대한 일에 나는 시간을 제때 맞추지 못했다. 우리는
크리스타 피셔Christa Fisher 의 이름을 따서 딸 아이 이름을 지었다.
그녀는 동독 출신으로 나중에는 레이 아이허 여사Mrs. Ray Eicher 로
불렸다. 아이허 부부는 알피 프랭크Alfy Frank 와 함께 오랫동안 우

리의 인도 사역을 이끌어 왔다. 사역 초창기였던 1960년 가을, 우리 부부는 처음으로 유럽으로 가서 살았는데, 그때 스페인 마드리드에서 크리스타를 만났다. 그녀는 우리 사역을 통해 예수님을 영접했다. 얼마 지나지 않아 마드리드에서 우리 장남, 벤 Ben 이 태어났다.

1957년 여름, 세 명이 팀을 이루어 복음 전도와 기독 서적을 배포하기 위해 멕시코로 가려는 계획을 세웠다. 나는 고등학교 시절과 메리빌대학 Maryville College 1학년 때까지 스페인어를 배웠다. 그 대학에서 만난 월터 보차드 Walter Borchard 는 나의 룸메이트였고, 데일 로턴 Dale Rhoton 은 그때부터 내 삶에 강력하고도 경건한 영향을 미치기 시작했다. 그 당시 데일이 시카고에 있는 휘튼대학 Wheaton College 에서 여름 학기를 수강하느라 우리는 7월 중순까지 출발하지 못했고, 월터와 나는 내 고향인 뉴저지 북서부에서 기독 서적을 방문 판매했다. 나는 그 전에 수년 동안 소화기를 판매했는데 꽤 잘 팔렸다. 사람들이 보는 앞에서 프라이팬에 불을 낸 다음 소형 '프레스코 소화기'로 불을 껐다. 나는 도·소매 유통 사업을 통해 수입을 많이 올리면서 다른 판매망을 더 많이 구축해 나갔다. 사업주는 맨하튼에 있는 핀클스타인이라는 유대인이었는데, 16살밖에 되지 않은 내게는 그분을 직접 만나는 일이 꽤 특별하게 느껴졌었다. 그는 내 판매 실적에 매우 흡족해하면서 나를 뉴저지주 버건군 Bergen County 의 독점 대리인으로 삼아 주었기에 나는 버건군 총판을 맡아 나의 개인 회사로 정식 등록을 했다. 그 소화기 판매 사업은 꽤 잘 되어 가고 있었지만, 예수님께서 내 삶에 찾아오신 후, 영원한 가치가 있는 사역으로 이끌어 주셨다. 1955년, 1956년 여름과 회심 직후에는 소화기 사업을, 1957년에는 성경과 기독 서적 사업을 했고, 곧 STL Send the Light 이라는 이름으로 선교 단체를 등록하여 문서 사역을 시작했다.

월터와 내가 뉴저지주에서 기독 서적을 방문 판매하고 복음도 전하며 멕시코 선교 여행 경비를 마련하고 있을 때, 노스 헤일든 North Haledon 에서 한 여성이 책을 많이 사 줘서 엄청 좋아했던 기억이 난다. 그 여성은 내가 열정은 많았지만 지혜가 부족함을 보았던지 구약 지혜서인 잠언을 읽으라고 적극 권했다. 나는 구약을 천천히 읽어 나가고 있었는데, 잠언까지 읽었는지 아닌지 잘 모르겠다. 그 여성이 "매일 잠언 한 구절씩 익히면 악이 멀어진다."라고 한 말을 잊을 수 없다. 그녀는 곧바로 성경을 펼쳐 보여 주면서 잠언서가 31장까지 있으니 하루에 한 장씩, 한 달이면 다 읽는다고 했다. 그때 이후로 내가 쭉 잠언 말씀을 읽어 온 것을 독자 여러분은 믿어도 된다. 그 때 당시 나는 하나님께서 앞으로 내 인생에 어떤 일을 하실지 몰랐다. STL 단체로 시작하여 나중에는 유럽에서 오엠 Operation Mobilization 이라는 이름의 선교 단체가 되었는데, 지난 60여 년, 리더로서 섬기는 동안 나에게 잠언서의 훈계와 지혜는 엄청난 도움이 되었다. 어떤 부분이 나에게 강력하게 다가왔을까? 몇 가지 주요한 주제에 대해 여기서 나누어 보고자 한다.

1. 음란을 이기는 승리

성경에는 성性에 대한 구절이 몇 백 개나 되는데, 어떤 내용은 상당히 엉뚱하고 예상 밖이다. 잠언 5장 18-19절이 그렇다.

> 네 샘으로 복되게 하라 네가 젊어서 취한 아내를 즐거워하라 그는 사랑스러운 암사슴 같고 아름다운 암노루 같으니 너는 그의 품을 항상 족하게 여기며 그의 사랑을 항상 연모하라.

초신자로서 하나님께 목마르고 예수님과 그 말씀에 전적으로 헌신하였던 나는, 인생을 살아가면서 계속 이런 영적 싸움을 하게 될지 깨닫지 못했다. 회심하기 전에는 잘못임을 늘 알면서도 조금씩 발을 담갔는데, 회심하고 나서야 내 삶에서 이것과 싸워 이길 힘을 얻었다. 그때 심한 음란물을 본 적은 없지만, 예수님이 아니었다면 분명 나는 그 길로 빠졌을 것이다. 나는 계속 잠언 5, 6, 7장과 그와 비슷한 가르침을 주는 성경의 여러 다른 구절을 읽고 묵상했다. 이 말씀은 내 평생 동안 음란물과의 싸움에서 나를 지켜주는 견고한 초석이 되었다.

젊은이가 곧 그를 따랐으니 소가 도수장으로 가는 것 같고 미련한 자가 벌을 받으려고 쇠사슬에 매이러 가는 것과 같도다 … 대저 그가 많은 사람을 상하여 엎드러지게 하였나니 그에게 죽은 자가 허다하니라 그의 집은 스올의 길이라 사망의 방으로 내려가느니라 _잠 7:22, 26-27

처음 멕시코 선교 사역을 시작하면서 전 세계에 수많은 언어로 된 성경과 기독교 서적을 배포하는 큰 사역을 하게 될지 우리는 꿈도 꾸지 못했다. 나의 이전 책, 『약한 나를 강하게』에서 음란물에 관한 장은 어느 기독 잡지에 처음으로 썼던 내용인데, 내가 글로 표현하기에 가장 어려운 내용이기도 했다.

2. 혀로 짓는 죄

혀로 짓는 죄는 잠언서의 큰 주제 중 하나다. 다음 구절들의 내용을 유심히 보길 바란다!

유순한 대답은 분노를 쉬게 하여도 과격한 말은 노를 격동하느니라 지혜 있는 자의 혀는 지식을 선히 베풀고 미련한 자의 입은 미련한 것을 쏟느니라 여호와의 눈은 어디서든지 악인과 선인을 감찰하시느니라 온순한 혀는 곧 생명 나무이지만 패역한 혀는 마음을 상하게 하느니라 _잠 15:1-4

미련한 자라도 잠잠하면 지혜로운 자로 여겨지고 그의 입술을 닫으면 슬기

로운 자로 여겨지느니라 _잠 17:28

입과 혀를 지키는 자는 자기의 영혼을 환난에서 보전하느니라 _잠 21:23

나 같은 성격의 사람이 얼마나 쉽게 불친절한 말로 다른 사람들에게 상처를 주는지 많은 경험을 통해 매우 어렵게 깨달았다. 내가 가장 많이 상처 준 사람은 60여 년 결혼 생활을 함께한 아내이다. 그나마 결혼하기 전부터 주님께서 나의 입술을 다스려 주셔서, 말로 인한 죄로부터 비교적 높은 수준의 승리를 거두고 있었고, 내가 썼던 책『사랑의 혁명』*Revolution of Love* 이 내 안에서 실제로 더욱 일어나고 있었다. 로이 헷숀Roy Hession 의『갈보리 언덕』*The Calvary Road*, CLC 역간, 2017 제2판 이나 앤드류 머레이의『겸손』*Humility* 과 같은 여러 서적을 읽으며 스스로 겸손히 회개하고, 용서를 비는 법을 배웠다.

사실 그렇게 못했던 것은 교만 때문이라는 것을 깨닫고, 일찍이 젊었을 때부터 모든 모양의 교만에 대해 전쟁을 선포했다. 갈라디아서 2장 20절과 같은 말씀은 나의 영적 DNA의 일부가 되었다. 오늘날 일부 교회에서 심지어는 일부 지도자들 중에서도 십자가에 못 박힌 삶에 대하여 강조하지 않았다는 점은 내가 가장 우려하는 현 세대의 연약함 중의 하나다.

내가 그리스도와 함께 십자가에 못 박혔나니 그런즉 이제는 내가 사는 것이 아니요 오직 내 안에 그리스도께서 사시는 것이라 이제 내가 육체 가운데 사는 것은 나를 사랑하사 나를 위하여 자기 자신을 버리신 하나님의 아들을 믿는 믿음 안에서 사는 것이라 _갈 2:20

다시 말하건대, 빌리 그레이엄의 "일곱 가지 치명적인 죄"The Seven Deadly Sins 라는 제목으로 배포된 강력한 메시지가 담긴 인쇄물과 더불어 라디오 설교는 큰 도움이 되었다. 나는 그런 인쇄물을 읽고서 다른 사람들에게도 배포했다. "일곱 가지 치명적인 죄"를 어찌나 인상 깊게 읽었던지, 언제 어디였는지 생생하게 기억한다. 런던의 풀럼, 타소Tasso 8번가였다. 우리 가족은 처음에 그곳 방 한 칸짜리 아파트에서 살았는데, 호이즈 버크스Hoise Birks 의 자서전『새 사람』A New Man, HB Publishing, 2012 에서 언급한 집이다. 1962년 2월, 그때 우리는 영국에 갓 도착하여 처음으로 오엠이라는 단체 이름을 사용하기 시작했다.

3. 게으름
오래 전으로 거슬러 올라가 1967년 인도에서 열린 오엠 콘퍼런스가 기억난다. 그곳 사람들과 사역하면서 가장 힘겨운 것이 무엇인지 말해 달라고 했는데, 놀랍게도 그들은 게으름이라고 대답했다. 나도 인도에서 조금 경험한 바가 있는데, 더운 날씨와 극심한 열기 때문에 게으름이 큰 문제가 되는 것 같다. 어린 시절부터 잠언을 정기적으로 읽는 것이 내 삶의 기초가 되었고, 나는 스무 살이 되기 전에 다양한 형태의 훈련 부족과 게으름에 대항하여 전면전을 선포하였다. 도움이 될 만한 좋은 성경 구절은 다음과 같다.

> 부지런한 자의 손은 사람을 다스리게 되어도 게으른 자는 부림을 받느니라 … 게으른 자는 그 잡을 것도 사냥하지 아니하나니 사람의 부귀는 부지런한 것이니라 _잠 12:24, 27

> 자기의 일을 게을리하는 자는 패가하는 자의 형제니라 _잠 18:9

> 게으름이 사람으로 깊이 잠들게 하나니 태만한 사람은 주릴 것이니라 … 게으른 자는 자기의 손을 그릇에 넣고서도 입으로 올리기를 괴로워하느니라 _잠 19:15, 24

> 게으른 자는 말하기를 사자가 밖에 있은즉 내가 나가면 거리에서 찢기겠다 하느니라 … 네가 자기의 일에 능숙한 사람을 보았느냐 이러한 사람은 왕 앞에 설 것이요 천한 자 앞에 서지 아니하리라 _잠 22:13, 29

감사하게도 매우 부지런한 아버지 밑에서 어린 시절을 보냈고, 아버지는 내가 게으르지 않도록 성경적 윤리로 잘 가르쳐 주셨다. 그래서인지 그런 윤리관이 없는 사람들, 단 하루라도 열심히 일하는 것을 힘겨워하는 사람들에 대하여 참아내는 법을 배우기 매우 어려웠다. 일에 대한 지나친 강요와 훈련은 사람들에게 가식과 이중 생활을 초래할 수 있다. 아무도 보지 않을 때의 행동과 누군가, 특히 같은 팀의 사람이 지켜볼 때 행동이 다를 수 있다. 그러면 나중에는 죄책감을 느끼고, 이어서 온갖 영적이고 정서적인 혼란에 빠져들 수 있다. 그렇기 때문에 하나님의 전적인 은혜는 이것으로부터 우리의 모든 사역 활동 그리고 나 자신의 삶을 거듭거듭 구해 주곤 하였다. 이 부분에 대한 도움을 얻으려면 랜디 알콘Randy Alcorn 의 책『은혜의 어린양과 진리의 사자』The Grace and Truth Paradox, 디모데 역간, 2005 를 꼭 읽어 보길 바란다.

4. 분노

어렸을 때 싸움질을 하곤 했는데, 여자아이와 싸워서 얻어 맞은 적도 있다. 한 열두 살쯤 되었을까? 뉴저지주 윅오프Wyckoff 의 동네 골목에서 작은 갱단을 만든 기억이 난다. 우리는 나무에서 떨어진 도토리를 던지며 싸웠다. 앨버트가 이끄는 상대편 갱단과 우리는 서로 앙숙이었다. 나는 그 애의 크고 하얀 집 벽면에 검은색 페인트로 우리 시대의 가장 인기 있는 욕설을 써 놓았다. 길 건너편의 여자애, 셜리가 그것을 보고 자신의 아버지에게 일러바친 것이 분명했다. 일찍이 드러난 나만의 특이한 예술적 표현이 그녀 아버지의 심기를 불편하게 했고 결국 나는 그 집 벽을 말끔하게 다시 페인트 칠을 해야 했다. 그것은 웃긴 이야기 같이 들리지만, 사실 분노는 가벼운 일이 아니다. 그런 일이 내 인생을 파괴할 수도 있었다.

살인으로 감옥에 간 사람을 면회한 적이 있다. 그 남자는 여자친구 집을 갑자기 방문했다가 다른 남자와 같이 있는 모습을 목격했다. 분통이 터진 나머지 그는 그 자리에서 그 남자를 죽이고 말았다. 내가 만났을 때, 그는 예수님 안에서 용서를 찾았고 교도소 안에서 믿음을 나누며 열심히 신앙생활을 하고 있었다.

나는 분노라는 중요한 부분에서 많은 승리를 거두었지만, 지금까지 잊히지 않는 실패도 많다. 어렸을 때도 마음속 깊이 그 누구에게도 상처를 주고 싶지 않았다. 비비총으로 (어쩌면 활과 화살이었을지도? 기억이 안 난다.) 실수로 다람쥐를 죽였을 때, 마음이 너무 아파 잘 매장해 주었다. 성급함은 분노와 결합하여 종종 어떤 사건에 대한 반응으로 나타났는데, 나의 연약함 중의 하나다. 그러나 그런 분노와의 싸움을 포기하지 않았고 다음 하나님 말씀에서 그것을 실천하는 것을 배웠다.

만일 우리가 죄가 없다고 말하면 스스로 속이고 또 진리가 우리 속에 있지 아니할 것이요 만일 우리가 우리 죄를 자백하면 그는 미쁘시고 의로우사 우리 죄를 사하시며 우리를 모든 불의에서 깨끗하게 하실 것이요 만일 우리가 범죄하지 아니하였다 하면 하나님을 거짓말하는 이로 만드는 것이니 또한 그의 말씀이 우리 속에 있지 아니하니라 _요일 1:8-10

나의 자녀들아 내가 이것을 너희에게 씀은 너희로 죄를 범하지 않게 하려 함이라 만일 누가 죄를 범하여도 아버지 앞에서 우리에게 대언자가 있으니 곧 의로우신 예수 그리스도시라 그는 우리 죄를 위한 화목 제물이니 우리 만 위할 뿐 아니요 온 세상의 죄를 위하심이라 _요일 2:1-2

분노에 대해 느끼고 배운 것이 많다. 화를 못이기는 사람 또는 과거에 분노와 관련해 큰 문제가 있고 다시 불거질 가능성이 높고 신체적 폭력이 우려되는 사람과는 결혼 여부를 심각하게 고려해 보라고 권하고 싶다. 가정 폭력은 주님을 따른다고 선언하는 사람들 중에서도 일어나는데 이런 죄를 교회가 종종 감싸 주기도 한다. 특히 장로나 집사, 목사나 전도사일 경우 더욱 그렇다. 이 부분에서 잘 넘어진다면 도움을 받아야 한다. 그저 잠언 구절을 읽는 것으로는 역부족일 것이다. 언제나 회개와 빛 가운데 행하는 것과 더불어 적절한 도움을 받는 것이 필요하다.

우리가 그에게서 듣고 너희에게 전하는 소식은 이것이니 곧 하나님은 빛이시라 그에게는 어둠이 조금도 없으시다는 것이니라 만일 우리가 하나님과 사귐이 있다 하고 어둠에 행하면 거짓말을 하고 진리를 행하지 아니함이거니와 그가 빛 가운데 계신 것 같이 우리도 빛 가운데 행하면 우리가 서로

사귐이 있고 그 아들 예수의 피가 우리를 모든 죄에서 깨끗하게 하실 것이요 _요일 1:5–7

이 책에는 여러 핵심적인 주제를 많이 다루지만, 이 장을 쓰는 주된 이유는 여러분이 정기적으로 성경을 읽고 주님께서 말씀하시면 그것에 대해 믿음으로 반응하는 데에 있다. 정말 그렇게 반응하는 여러분의 간증을 들을 수 있기를 바라며, 나에게 이메일로 연락해 주기 바란다. 여러분이 디모데후서 2장 2절을 읽고 배운 것을 다른 사람들과 나누고 그들도 다른 많은 사람들에게 전해 주길 소망한다.

또 네가 많은 증인 앞에서 내게 들은 바를 충성된 사람들에게 부탁하라 그들이 또 다른 사람들을 가르칠 수 있으리라 _딤후 2:2

나는 최근 리차드 뷰어스Richard Bewes, 폴 블랙햄Paul Blackham, 성경적인 체계Biblical Frameworks 라는 팀과 함께 잠언서에 관한 "책 별로 보기"Book by Book DVD를 촬영했다. 많은 분이 감상할 수 있기를 바란다. 그리고 내 일생에 대한 DVD가 "조지의 진면목"George for Real, CWR, 2015 이라는 제목으로 제작되었는데 이 책 내용과 잘 어울린다. 자세한 정보나 주문은 www.cwr.org.uk/store 에서 확인할 수 있다. 내가 쓴 더 많은 글이 성령님의 역사로 더욱 생생하게 살아나고 쓰임 받기를 소망한다.

3장

다양성 가운데
연합

● ● ●　　　　　　　　　　　　　이 원고를 지금 독일에
서 쓰고 있는데 장소는 좀 독특한 곳이다. 이곳은 '아이들링
엔 Aidlingen 평신도를 위한 마더하우스'라고 불린다. 나는 지난 약
40년 동안 이곳을 방문하곤 했다. 몇 주 후에는 이곳에 대형 천막
이 설치될 것이고, 하나님의 말씀을 듣고 찬양 집회에 참석하기
위해 전 세계에서 8,000명이 넘는 젊은이가 모일 것인데, 이는 독
일에서 젊은이가 가장 많이 모이는 집회 중 하나가 될 것이다. 올
해는 특별히 오엠 찬양 사역자, 빌 드레이크 Bill Drake 가 찬양 집회
를 인도한다. 몇 년 전 이곳에서 내가 메시지를 전했던 기억이 난
다. 수많은 젊은이의 마음 가운데 이루어지는 하나님의 역사를

목격하는 것은 늘 놀랍다. 이곳에서 생활하는 수녀들은 순결 서약을 하며 대부분 독일 루터 교회 신자들이지만 어떤 이들은 그들을 개신교 출신 수녀처럼 여긴다. 미국 출신인 나는 그런 사람들이 존재하는 줄 전혀 몰랐다. 지금은 이곳 수녀들과 예수님 안에서 가까운 친구로 지내는 큰 특권을 누린다. 이곳은 나에게 소중한 장소가 되었고, 일상에서 벗어나 마음을 새롭게 하고 기도에 힘쓰며 집필하면서 근처 넓은 숲에서 산책을 즐긴다. 또한 이곳 수녀들과 함께 하나님의 말씀을 나누고, 맛있는 음식을 대접받으며 즐거운 식사 교제도 나눈다. 이들이 가진 예수님과 말씀에 대한 깊은 사랑과 세계 선교에 대한 열정이 역력하게 보인다.

지난 60년 동안 100여 개국을 다니면서 내가 만났던 수많은 선교 단체와 교회, 사람들의 다양성을 상상할 수 있겠는가? 물론 우리 선교선 로고스 호프에서 시간을 보내는 것만으로도 40여 개국 출신의 사람들을 한 배 위에서 동시에 만날 수 있다. 그 선교선에서 열리는 기도회 풍경은 특별하고 정말 흥미로운데 그런 일은 더는 놀라운 일이 아니다.

런던 외곽의 히드로공항 근처에 있는 위슬리 가든 Wisley Gardens 은 내가 즐겨 찾는 곳이다. 나의 친한 친구 대니 스미스가 이 근처에 산다. 대니가 예수님을 갓 믿을 무렵, 약 50년 전에 우리는 인도 캘커타에서 처음 만났다. 이 친구는 언제나 기꺼이 기차역으로 나를 마중 나와 수천 송이의 꽃이 만발한 이 식물원으로 데려다 준다. 그곳에 매번 갈 때마다 산책하면서 성경 말씀을 듣거나 전화 통화를 한다. 이 거대한 식물원을 거닐다 보면, 전 세계적으로 계속 증가하고 있는, 4만 개가 넘는 수많은 교단과 선교 단체가 나의 머리에 떠오른다.

위슬리 가든에서 특별히 좋아하는 곳은 선인장 정원이다. 그렇게 다양한 종류의 선인장이 존재하는 줄 몰랐다. 이것들을 보노라면 그간 세계 곳곳에서 만난 수많은 하나님의 사람을 떠올리게 된다.

내가 존경하는 리더들이 선교 단체들과 교단들의 엄청난 증가에 대해 부정적으로 말하는 것을 들었는데, 나도 예전에는 그렇게 생각했었다. 그러나 성경에서 주님께 쓰임 받은 사람들의 다양성을 보거나 창조 세계의 우주 만물과 곳곳에 드러나는 온갖 별과 은하계를 바라보면 얼마나 놀랍고 멋진지 깨닫는다. 왜 우리가 (영적으로는 하나가 될지라도) 모두 하나의 교회가 아닌지에 대한 답은 나에게는 쉬워 보인다. 그건 하나님께서 그분의 나라를 세우시는 방법(이것이 서로 다른 사람들에게 서로 다른 것을 의미한다는 것을 안다.)이 아니며, 우리는 이 놀라운 다양성을 환영할 필요가 있다. 교파들 중에 어떤 단체는 이단적이고 그들은 하나님의 나라에서 제외된다는 사실을 알고 있다. 그러나 심지어 그런 문제가 있는 상황에서도 그들 가운데 진정한 신자들을 찾을 수 있을 것이다. 교단들 대부분이 여러 그룹으로 분열되어 있다. 전 세계적으로 크게 나누어 볼 때, 성경을 참된 하나님의 말씀으로 믿는 자들과 그렇지 않은 자들이 존재한다. '근본주의자'라는 단어는 성경이 하나님의 말씀이라고 믿는 자들을 그렇게 믿지 않는 '자유주의자'라고 불리는 이들과 구별하기 위해 사용하기 시작했으며, 정치적인 의미와는 상관이 없다. 최근 수십 년간 '복음주의자'라는 용어는 성경적인 믿음을 고수하면서, 일반적으로 '근본주의자'라고 불려지는 것을 원하지 않는 사람들을 상징하게 되었다. 왜냐하면 근본주의자라는 말이 극단적인 율법주의, 판단과 정죄와 연관성이 있고, 심지어 이슬람 근본주의자와 같은 비교 선상에 놓일 수 있기 때문이다. 이런 이유로 수많은 교회와 선교 단체가 세계복음주의연맹 WEA, World Evangelical Alliance 이나 연관된 자국내 단체들과 협력한다. 나는 수많은 교단과 선교 단체가 연합하는 가운데, 이러한 단체 활동을 통해 하나님께서 일하신다는 것을 더욱 귀하게 여기게 되었다.

그들을 모두 하나님의 가족으로 보고, 그들을 통해 하나님께서 그분의 많은 일을 행하신다고 믿는다. 예전에는 나와 같지 않은 사람들, 특히 다른 교파 출신의 사람들에게 강경하게 대하곤 했지만, 이제는 아니다. 그들이 예수님을 알고 그분께, 지역 교회에, 또 어쩌면 그들 교단에 충성한다면, 나는 그저 "주님을 찬양합니다."라고 말할 뿐이다. 아마도 그곳에서도 그들은 그리스도를 발견했고 믿음 안에서 성장했을 것이다. 이것은 그들에게 중요하고 그들의 영적인 삶과 행위가 자기 교단 안에서는 그저 정상적으로 이루어지는 일일 것이다.

우리는 교회 성장의 많은 부분이 이 사회에 대한 관심과 행동을 기반으로 이루어진다는 사실을 직시해야 한다. 하나님께서는 초교파적인 운동을 또한 사용하신다. 그러므로 우리는 이것 아니면 저것이라는 흑백 논리에서 자유로워져야 하며, 하나님께서 서로 다른 사람들을 서로 다른 방법으로 사용하신다는 것을 깨달아야 한다.

당연히, 우리가 다 함께 모여 찬양과 경배, 전도의 시간을 더 많이 가질수록 더 좋을 것이다. 분명한 사실은, 서로에 대한 진지한 사랑이 없이는 우리 자신과 교회, 선교 단체 사역에 서로 방해가 될 것이라는 점이다.

하나님께서는 문화, 언어, 민족, 상황과 여러 다양한 환경 가운데 일하신다. 지난 2천 년 동안 수많은 교회와 선교 단체 대부분은 비전을 품은 리더들에 의해 시작되었는데, 수천 가지 사례가 있다. 마르틴 루터에 이를 때까지는 큰 분열이 몇 번 있었지만, 가톨릭교회가 여러 교단Order으로 다양성을 수용하면서 예수회, 프란체스코회, 마리아수녀회와 같은 광범위한 교단을 유지하는 것을 볼 수 있다. 그때부터 현재까지 가톨릭교회에 스며든 중

대한 오류에 관한 이야기를 이 책에서 쓰려는 것이 아니다. 정말로 '엉망인' 시대였지만, 하나님께서 그런 상황에서 아무것도 하지 않으셨다고 감히 누가 말할 수 있는가?

오늘날 가톨릭교회는 우리 모든 개신 교회와 교단에 대해 특별히 비판적인데, 나는 그들에게 위슬리 가든에 한번 가 보라고 권하고 싶다. 하나님께서는 우리의 인간적인 연약함을 통해서도 일하신다. 우리가 관여하는 모든 일, 심지어 교회 안에서도 약점과 잘못된 점이 있고, 안타깝게도 극단적이고 잘못된 교리도 존재한다. 신비 중의 신비는 정말 우리 위대하신 하나님께서, 예수 그리스도께서 십자가에서 이루신 일 때문에, 그 모든 상황에서도 계속 일하시고 놀라운 일을 행하신다는 것이다. 온 세상, 수백만의 여러 지역 교회들을 통해 위대하신 하나님께서 역사하시는 것을 우리는 더욱 환영해야 한다. 그분에게 모든 찬송과 영광을 돌릴지어다!

이것은 우리가 더 큰 거룩, 영적 삶의 실재, 승리 그리고 내가 이 책과 다른 책에서 말하는 모든 것을 제쳐둔다는 것을 의미하지 않는다. 사탄이 우는 사자와 같이 삼킬 자를 찾는다는 것과 때로는 광명의 천사와 같이 다가온다는 것을 우리가 망각한다는 의미가 아니다. 이러한 영적 전투의 실재를 에베소서 6장에서 매우 구체적으로 보여 준다.

우리는 일부 교회 혹은 교단 전부가 영적으로 잠들거나 거의 죽어가고 있다는 사실을 잘 알고 있다. 넘지 말아야 할 경계선을 넘어 극단주의로 갔거나 심지어 이단에 빠진 자들도 있다. 우리는 전력을 다해 선한 싸움을 싸워야 한다. 죄나 어리석음에 대해 변명해서는 안되며 항상 회개하고 잘못된 것은 바로 잡도록 노력해야 한다. 다시 말하지만, 매번 필요한 것은 바로 진리 안에서 균형을 이루라는 것이다.

『약한 나를 강하게』에서 나는 교회와 선교 단체 간에 생기는 긴장에 대해 특별히 다루었는데 그 책 22장을 읽어 보기 바란다.

4장

역설, 복잡성, 신비와 메시올로지

● ● ●　　　　　　　　　　　　　　　　많은 초신자가 나의 책
을 읽을 것으로 생각되는데, 내용이 정상에서 벗어났다거나 심지
어는 혼란스럽다고 느낄 수 있으리라 짐작된다. 그래도 내가 그
런 부담을 감수하는 이유는 얼마 가지 않아 우리는 모두 정말로
심하고 큰 혼란을 주는 사람들, 교회, 기독교 단체를 많이 만나
게 될 것이기 때문이다. 기독교 사역과 활동의 많은 부분에 대한
나의 생각이 독자들에게 얼마나 씁쓸하거나 거칠거나 심지어 잘
못되어 보이든지 간에, 이 책의 결론적인 요점은 예수님께서 십
자가 상에서 이루신 일로 인한 하나님의 위대하심과 긍휼하심이
다. 이 말을 이해하기 힘들다면 존 스토트의 『기독교의 기본 진

리』*Basic Christianity*, 생명의말씀사 역간, 2009 나 빌리 그레이엄의 『하나님과 의 평화』*Peace with God*, 생명의말씀사 역간, 1973 를 읽으면 도움이 된다. 내 게 이메일을 보내면 이런 기독교 고전들을 선물로 보내 주겠다.

어쩌면 바로 당신이 교회에서 혹은 오엠이나 다른 단체에서 보 고 경험한 것 때문에 이미 혼란스럽고 심지어 낙심한 초신자일 수 있다. 그렇다면 이 책을 계속 읽어 주길 바란다. 실망과 낙담, 심지어 의심과 불신앙과 싸움을 하면서 나 자신이 고민해 온 여 러 부분을 솔직하고 진지하게 나누기 원하며, 내가 말하려는 것 이 무엇인지 파악하기 위해 노력해 주길 바란다.

이것을 쓰는 이유 중 하나는 그리스도 안에서 지난 60년 이 상 살아오면서 많은 기독교인, 기독교 리더들이 다른 기독교인들 과 교회와 선교 단체들에 대해 매우 비판적인 것을 들어왔기 때 문이다. 여기에는 내가 존경하고 사랑하며 내게 가르침을 준 사 람들도 포함된다. 내가 문제 삼는 것은 그저 관심이나 사랑이 부 족해 보이는 정도가 아니라, 너무나 자주 사람들이 사실 관계를 제대로 알지 못하거나 상황을 제대로 파악하지도 않고 비판한다 는 점이다. 전前 오엠의 매우 귀한 사역자, 알렉스 스트로치Alex Strauch 가 쓴 책, 『사랑으로 이끌기』*Leading with Love*, Lewis and Roth, 2006 나 『만일 서로 물고 뜯으면』*If You Bite and Devour One Another*, Lewis and Roth, 2011 과 같은 책들이 50년 전에 더 많이 있었으면 좋았을 것이다. 그때도 그런 주제를 다룬 책들이 오엠 필독서였던 것을 매우 기쁘게 생각한다. 이런 책들은 우리가 알 수 있는 것 이상으로 영적 기초를 다지는 데 도움이 된다. 이전에 언급한 로이 헷숀의 『갈보리 언덕』, 데오도르 엡 Theodore Epp 의 『사랑이 답이다』Love is the Answer, Back to the Bible, 1960 도 여기에 포함된다. 이 책들을 읽고 얼마 후에 나는 『사랑의 혁명』을 비롯해 제자도, 극단주의와 균형에 대한 책을 저술했다.

나로 말할 것 같으면, 특별히 나는 나이가 많지 않은 젊은 리더 시절에 다른 리더들과 교회들과 단체들에 대해 매우 비판적이었다. 조금 더 긍정적인 사람이 되는 법을 뒤늦게 배웠다. 하나님께서 행하시는 방식에 대한 다른 관점을 터득하고 나서야 비로소 알게 된 사실은, 내가 느끼기에 잘못되고 틀린 방식으로 일하는 것 같은 어떤 사람들과 교회와 선교 단체들이 긍정적인 결과를 이루는 것을 볼 수 있었다는 것이다. 『은혜의 어린양과 진리의 사자』에서 랜디 알콘은 진리에 대한 강력한 헌신(이것은 내게 항상 있었던 것이다.)뿐 아니라, 사랑과 은혜의 삶을 둘 다 우리가 가질 수 있다는 것을 보여 준다. 이 은혜가 있다면, 특히 우리가 완성된 전체적인 그림을 사실상 볼 수 없을 때에도 섣불리 비판하려 하지 않을 것이다. 실상을 정확하게 파악하는 것은 매우 어렵다. 동시에 성경 말씀은 우리에게 믿음을 지키라고 명령한다. 요한이서와 요한삼서의 생생한 성경 말씀을 통해 도움을 얻을 수 있다. 이

장에서 수많은 혼란과 갈등을 가져왔던 몇 가지 주제를 나누려고
한다.

1. 도서, 소책자와 나의 첫 책, 『문서 전도』 *Literature Evangelism,*
   Authentic Lifestyle, 2003년 재발행 에서 '인쇄물'이라고 부르며 다루
   었다. 나는 예수님을 믿은 지 2년쯤 되었을 때 도서 방문 판
   매를 처음 시작했다. 1957년 여름 멕시코에 가기 전에 「밀
   물」 *Floodtide* 이라는 CLC 발행 잡지를 접했고, 회심하기도 전
   에 포켓신약성경협회 *Pocket Testament League* 에 참여했는데, 이
   모든 것은 나중에 인쇄물, 특히 복음서와 신약 성경 전서를
   통한 문서 사역으로 연결되었다. 기독 서적과 전단지를 읽
   으면서 은혜를 받았고 진심으로 다른 사람들을 축복하길 원
   했다. 도서 방문 판매를 하면서 어린이용 도서가 가장 잘 팔
   린다는 것을 알고서는 그 분야 책들도 다루었다. 많은 분야
   의 가르침에 대한 다양한 종류의 책을 알게 되었는데, 어떤
   책은 매우 극단적이거나 심지어 진리와는 아무 상관이 없어
   보였다. 책과 함께 지내온 내 삶을 되돌아보며 나는 이렇게
   외칠 수 있다.
   "하나님께서는 책을 사용하신다."

   여러분은 듣고 싶지 않을 테지만 하나님께서 안 좋은 책을
   사용하실 수도 있고 사탄도 책을 도구로 사용할 수 있다는

것이다. 내가 판매하기 꺼림칙하거나 좋아하지 않는 책을 하나님이 사용하셔서 사람들을 도우시고 심지어 그들을 구원자 그리스도께 인도하시는 것을 발견했다. 여러분이 정말 안 좋다고 생각한 책에서 누군가 은혜를 받거나 도움을 얻는다면 어떻게 하겠는가? 저자가 현재 불륜이나 심지어 더 나쁜 상황에 빠졌는데도 하나님께서 그 책을 강력하게 사용하시는 것에 대해 어떻게 설명할 수 있는가? 더욱 복잡한 것은 우리가 사랑하고 존경하는, 하나님의 위대한 사람들이 쓴 책들이 종종 서로 의견이 일치하지 않고, 때로는 중요한 문제에 관해서도 그렇다는 점이다. 만약 우리가 폭넓은 독서를 하고 다양한 사람의 견해를 존중한다면 마음속으로 무엇을 믿어야 할지 어떻게 결정을 할까? 꽤 복잡한 문제와 교리에 대해 어떤 믿을 것을 결정하는 데 있어서 나보다 오히려 초신자들과 어린 내 손주가 훨씬 더 쉬울 것 같다.

내가 볼 수 없겠지만, 내 손주가 내 나이쯤 되면 어떨지 궁금하다. 어떨 때는 이 모든 것이 너무 뒤죽박죽인 것 같다. 그래서 내가 '메시올로지'를 가르치는 게 아닌가 싶다.

하나님께서는 그 긍휼과 은혜, 신비로 엉망인 상황에서도 종종 위대한 일을 이루신다는 것이 바로 메시올로지다. 그 일은 우리에게 그리고 어쩌면 그분에게도 매우 중요한 것이다. 그러나 예수님께서 십자가 위에서 행하신 일은 살아 계신 하나님 안에서 우선 순위를 보여 주신 것이며, 그분은 각기 다른 사람들과 교회들과 상황들에 맞는 방식으로 서로 다른 우선 순위를 드러내신다.

2. 기독 문서의 세계가 복잡하다고 생각된다면, 텔레비전과 인터넷, 유튜브, 페이스북 등과 같이 온갖 정보를 쏟아내는 매체를 검색해 찾아 보라. 너무나 상투적인 말이지만 그건 정말 엄청나다. 내가 사용하는 SNS 매체를 포함하여 검색해 보면 (우리가 도저히 시청하거나 청취할 수 없는) 방송 설교자들을 통해 전 세계적으로 수천, 아니 수만 명의 사람이 주님 앞으로 나오는 것을 볼 수 있다. 그러면 어떤 사람들은 대번에 "아마 그 사람들 대부분이 가짜로 영접했을 거야."라고 말한다. 그리고 우리는 복음이 무엇인지에 대한 강력한 교리와 더불어 회개와 그리스도의 주 되심에 대한 극단적인 선언을 하도록 한다. 여기에는 무엇보다도 대중적인 복음 집회를 통한 회심은 성경적인 회심이 아니라고 믿게 하려는 의도가 깔려 있다. 이런 부분에 대해 내가 제기하고 싶은 많은 문제 중에서도 가장 큰 것은, 지난 60년 이상 전 세계를 돌면서 수많은 사람을 만났는데, 그런 사람들이 진정한 신자처럼 보였다는 것이다. 그들 중에 많은 사람이 또 다른 사람들을 주님 앞으로 인도할 뿐 아니라 수천 명이 모이는 교회를 세우는 데 하나님께 쓰임을 받고 있다.

우리는 세상에 알려진 대로 주님의 영혼들을 위한 영적 대추수의 한가운데 여전히 있다는 것을 기억하자. 어떤 사람들이 비판하는 설교자, 빌리 그레이엄을 통해 회심한 한 사람으로서 나는 그런 집회에서 결단한 사람들은 정말로 구원받지 못했고 그냥 머리로만 믿을 뿐이라고 비난하는 것을 평생 들어오면서 신앙생활을 해야만 했다. 도대체 왜 그런 사람들은 진짜로 구원 받은 사람들의 숫자 줄이기를 마치 즐기는 듯 하는지 나에게는 정말 의문이다. 우리는 말로는 사람들이 주 예수 그리스도를 믿을 때 은혜로 구원 받는다고 하지만, 하는 행동을 보면 각종 규칙과 규정을 지키는 것이야말로 그가 진정한 그리스도인인지 알 수 있는 척도라고 말한다. 톰 허베스톨 Tom Hovesetol 의 『불편한 진실, 내 안의 바리새인』 Extreme Righteousness, 홍성사 역간, 2012 을 읽어 보라. 우리같이 진리를 굳게 믿는다는 자들이 얼마나 쉽게 바리새인과 같은 구석을 가지게 되는지 발견할 것이다. 찰스 스윈돌의 『은혜의 각성』 Grace Awakening, 죠이선교회출판부 역간, 2006 재출간, 특히 9장 "반대 의사를 분명히 표하고 소신껏 행하라" 부분은 나에게 큰 도움이 되었다.

나는 유명인들도 포함해서 어떤 사람들과는 거리를 두고, 극단적인 기복주의에 대해 반대하는 책들을 소개하고 있다. 잘못된 교리나 극단주의에 대하여 나는 반대하는 발언을 하거나 글을 쓴다. 그렇지만 결코 살아 계신 하나님께서는 이 런저런 사람들을 기피하라고 말씀하지 않으신다. 나는 연약 하고 부족한 것이 많고 한계를 지닌 인간일 뿐이다. 그분은 전능한 하나님이시며, 역설과 복잡성, 신비함 가운데 놀라 운 일을 행하신다. 나는 그것을 '메시올로지'라고 부르는데, 여러분은 원하는 대로 다르게 부를 수 있다.

3. 내가 쓰고 싶은 세 번째 주제는 음악이다. 하나님께서 모든 종류의 음악과 노래, 합창을 통해 사람들이 찬양하고 예수 님께 나아오도록 놀랍게 사용하신다는 것이다. 이것은 지 난 55년 이상 나에게 일어난 일련의 복잡한 사건이다. CCM 이라 부르는 기독교 '현대 음악'을 초창기부터 내가 좋아하 게 된 것은 거의 기적에 가깝다. 신약에는 음악에 대한 언급 이 별로 없고, 구약에는 음악과 춤, 둘 다 꽤 광범위하게 다 루는 것 같다. 이 부분에 대해서 얼마나 많은 이견이 분분했 고 전 세계적으로 수없이 많은 교회가 이런 문제 때문에 얼 마나 분열되어 왔는지 아직도 믿기 어려울 정도다. 어느 한 쪽에서는 심지어 소책자로 출판하면서까지(내가 한 권 갖고 있다), 드럼은 사탄에게서 왔다고 말했다. 내가 존경한 몇몇 분이 쓴 그런 음악에 대해 강하게 정죄하는 내용의 소책자 나 심지어 책들을 모두 읽었고, 카세트테이프를 들었지만, 하나님께서 음악을 놀랍게 사용하시는 것을 나는 직접 보았

다. 그 당시에 내 차는 카세트테이프 기능밖에 없었고, 지금
도 오래된 자동차 안에서 테이프를 듣는다. 하나님에 대한,
그분의 사랑과 행하시는 방식에 대한 다른 관점을 발견하지
않았다면, 이런 문제에 대해 나 또한 정말로 절망했을 것이
다. 하나님의 자녀들이 그렇게 하는 것이 그분께는 틀림없
이 유머스럽게 보였을 것이다.

만약 여러분이 이러한 음악 주제가 사소한 것이고 이미 지
나간 것이라고 여긴다면, 교회 전체적으로 주님의 교회들
가운데 어떤 일이 일어나고 있는지 모르고 있다는 것이다.
음악 문제에 대한 극단적인 발언이나 완강한 입장 때문에
어떤 이들은 심지어 믿음을 잃고 교회를 떠나기도 했다. 결
국 마지막에는 새롭고 현대적인 음악이 이긴 것처럼 보인
다. 그러나 다 끝나지 않았다. 시끄러운 악기 소리가 새로
운 문제를 일으키는데, 사실 나는 거의 어느 집회에 가든지
귀마개를 준비한다. 찬양 사역자들 가운데 잘 알려진 분들
이 불륜을 저질렀거나 이혼하여 사태는 더욱 엉망이 되기도
했다. 이런 일로 찬양 사역자들이 다른 찬양 사역자들을 비
판만 한다고 해서 전혀 도움이 되지 않는다. 어떤 사람들은
기독 음악계 전체를 탐욕과 교만, 부도덕과 관련된 이야기
로 매도하는 듯하다. 내가 보기에는 그것은 끔찍한 실수이
지만, 이런 엉망인 상황에서도 하나님은 놀랍게 역사하시고

많은 사람이 주님을 알아 간다.

폭넓게 독서하는 이들, 특히 기독교 정기 간행물을 많이 읽는 사람들은 부정적인 보도와 기독교의 심각한 소식을 수없이 접하게 될 것이다. 부정적인 이야기만을 듣는 것으로 인해 사실로 인정하지 않도록 주의하라. 그것이 결코 전부가 아니며, 그런 엉망인 상황과 우리 인간적인 약함을 통해 하나님께서 행하시는 일을 전체적으로 다 보지는 못한다. 우리는 모두 로마서 8장 28절을 암송할 필요가 있다.

우리가 알거니와 하나님을 사랑하는 자 곧 그의 뜻대로 부르심을 입은 자들에게는 모든 것이 합력하여 선을 이루느니라.

이 모든 것 가운데 하나님께서는 과연 어디에 계실까? 나는 바로 그 한가운데 있다고 말하고 싶다. 그분의 목적을 성취하기 위해 성경이 '질그릇'이라고 일컫는 다양한 종류의 그릇을 사랑하고 용서하고 구원하고 사용하는 것, 그 가운데 말이다. 이제 걱정하지 않아도 된다. 여러분 교회에서 전통적인 찬송가만 불러야 한다는 법은 없다. 다른 방식을 취하는 사람들을 그만 정죄하라. 나는 60대와 70대 동료들에게 이렇게 얘기한다. "무엇이 더 중요한가? 우리가 좋아하는 찬송가를 즐기는 것이 중요한가? 아니면, 다음 세대가 예수님을 알게 되고 예배하는 것이 중요한가?" 우리가 힐송 _{Hillsong} 과 같은 다양한 교회와 그들의 찬양을 통해 하나님께서 행하신 일에 대하여 얼마나 알고 있는가? 당신이 알고 있는 것에 1,000을 곱한다면, 전 세계적으로 다양한 종류의 찬양과 찬양 사역자들을 통해 하나님께서 행하시는 역사를 어느 정도 헤아려 볼 수 있을 것이다.

4. 마지막으로 정치계 사람들에 관한 것이다. 좌파든 우파든, 무無파든 이들에 대해 한마디 적으려 한다. 바로 지금 미국에서는 이에 대한 많은 논쟁과 분열이 하나님의 백성들 가운데 일어나고 있으며, 날이 갈수록 더 심해지고 있다. 내가 강력하게 믿는 것 중 하나는 하나님께서는 분열된 교회를 통해서 (여기서 교회란 그리스도의 몸 전체를 말한다.) 역사하실 수 있다는 것이다. 신약 성경의 서신서 중에서 어느 하나를 읽어보더라도 그 당시 교회가 직면했던 상황과 문제를 알 수 있다. 그러나 그것이 사랑의 부족이나 어떠한 죄 때문이라고 결코 변명할 수 없다. 어떤 사람들은 '기독교 국가론' _{Christian nation theory} 을 믿지만 또 어떤 사람들은 믿지 않는다는 점에서 많은 문제가 일어난다. 나는 '기독교 국가론'을 믿지 않지만, 그것을 믿는 사람들도 사랑한다. 모든 시대에 모든 국가는 극도로 악한 세상 가운데 존립해 왔다. 정치인들이 주장하는 대로 미래에 세상이 모두 바뀔 것이라고 믿

는 이들은 속는 것이다. 그래도 나는 그런 정치인들도 사랑한다.

시카고에 있는 무디신학교Moody Bible Institute에 편입하기 전에 나는 역사학을 전공했는데, 그때부터 계속 역사에 관심을 가지고 공부했다. 우리는 역사에서 정말 많은 것을 배울 수 있다. 보는 관점이 서로 달라서 역사를 이해하는 것이 쉽지 않고, 실제로 역사적으로 무슨 일이 일어났는지 알아내기는 더욱 어렵기 때문에, 모든 역사학도는 최소한 겸손해야 하고 덜 독단적이어야 한다. 그리스도인들이 비난하는 말을 내뱉거나 비난조의 이메일을 보내는 일에 가담해야 할까? 내 생각은 그렇지 않지만, 그렇게 하는 사람들도 전능하신 우리 하나님께서는 여전히 사랑하시며 내가 기대하는 그 이상으로 그들을 사용하실지도 모른다. 그러니 부디 이런 부분이 엉망일지라도 또는 정부에 대해서 낙심될지라도, 그 가운데 하나님께서 하시는 일과 그분께 집중하길 바란다. 지난 수천 년의 역사를 돌아보면 엉망인 상황에서 하나님께서 어떻게 하셨는지 보여 준다. 어쩌면 우리는 2014년에 개봉된 블록버스터 영화 "노아"Noah를 보면서 우리 자신을 되돌아보아야 할 것 같다.

내가 이렇게 말한다고 해서, 우리가 빛과 소금이 되어야 함을 안 믿는다는 뜻이 아니며, 그리스도인들이 정치계로 진출하면 안 된다거나 애국자가 될 여지가 없다는 의미는 전혀 아니다. 하나님께서는 우리 문화 속에서 역사하시며, 정치도 우리 문화의 중요한 일부인 것이다. 사회에서 우리가 속한 공동체 안에서 진정한 기독교적 가치를 구현하면 할수록 더욱 좋다. 그러나 우리는 그것을 강요하면서 법으로 만들 수는 없다. 정부와 교회를 섞어서는 안 된다. 요즈음 너무나 많은 사람이 빛을 전하기보다는 어둠과 싸우고 있다. 그건 지는 싸움이고 그런 노력을 쏟을 만한 가치가 없다. 우선순위를 똑바로 세우자. 무엇보다도, 하나님께서는 서로 다른 사람들과 다른 교회들을 서로 다른 방법으로 사용하고 인도하신다는 점을 인정하자. 다른 이들에 대한 하나님의 인도하심을 존중하는 일에 더욱 노력하지 않을 이유가 무엇인가? 모든 사람이 동의할 수 없는 많은 논점이 존재한다. 그래도 어떤 상황에 처하든지 (우리가 도망치고 싶은 사람들까지 포함해) 우리 하나님께서는 놀라운 일을 행하실 수 있다는 것에 동의할 수 있기를 바란다.

5장

교회,
선교와 할리우드

● ● ●   앞 장에서는 매우 복잡
하고 엉망이 된 것 같은 여러 주제 가운데 극히 일부만 다루었다.
독자 여러분이 이와 관련해 더 많이 읽고 싶지 않다는 것을 잘 알
지만, 이번 장에서는 다른 중요한 부분에 대해 간략하게나마 다
루려 한다. 나는 거의 반 세기 넘게 이런 수많은 이슈에 대해 사
람들과 이야기하고 글을 읽어 왔으니 조금만 양해해 주기 바란
다. 여러분이 조금 더 알고 이해하게 된다면 좀 더 은혜롭고 용서
하는 너그러운 마음을 갖게 될 것이다. 특히 당신이 리더라면 어
려운 상황을 다룰 더 큰 지혜와 분별력을 얻을 것이라고 믿는다.

교회 운영

교회를 이끌 수 있는 방법이 얼마나 다양한지 그리고 주님께서 그 다양한 방법에 얼마나 복을 주시는지를 내가 초신자였을 때 도무지 믿을 수가 없었다. 종종 어느 한 가지 방법만을 아주 굳게 믿는 사람들이 있는데, 만약 당신이 그렇다면 바꾸라고 말하진 않는다. 다만 당신이 하는 방법이 오직 유일한 방법이라는 독단적인 생각에서 좀 물러설 수 있기를 바란다. '이것만 유일하다.'라기보다는 '그 중 하나'라고 하는 것이 훨씬 더 지각 있는 말이 될 것이다.

요즘은 팀 사역으로 이끄는 교회가 많다. 이런 개념은 때로는 장로가 주도하는 교회라고 부를 수도 있고, 이것은 한때 형제교회 운동Brethren Movement 으로 매우 활발했으며 지금도 여전히 활동적인 교회들이 존재한다. 내가 메리빌대학에서 만나 첫 멕시코 선교 여행을 함께 떠난 데일 로턴은 형제교회에 가입했고 그것이 신약 시대의 방식이라는 것을 설명하는 소책자도 썼다. 멕시코 시티에서 내가 처음 형제교회에서 함께 예배 드리면서, 이 독특한 교회를 막 이해하기 시작했다. 그 당시 시카고에 있는 엠마오신학교Emmaus Bible College 의 총장이었던 윌리엄 맥도날드William MacDonald 도 우리 선교회 초창기에 친구와 후원자가 되어 주었다. 그의 저서 『참된 제자도』True Discipleship, Gospel Folio, 2003 는 우리 선교 단체에 지대한 영향을 미쳤다. 여러 가지 일로 계기가 되어 나는 휘튼대학의 베다니 채플Bethany Chapel 에서 데일에게 침례를 받았다. 그렇지만 그 전부터 무디신학교에서 공부하면서 받은 영향 때문에 나의 신앙 여정은 교파를 완전히 초월하게 되었다. 그런 다음 나중에 보수적인 침례 교인이었던 아내와 결혼한 것은 정말 놀랄 만한 일이었다.

데일과 함께 몇 명은 형제교회 추천으로 오엠과 일하게 되었는데 우리에게 놀라운 기도 응답이었다. 몇 년 후에 영국에서 내가 사역을 시작할 때, 그곳에서 형제교회 운동이 태동하였고, 지금도 여전히 교회가 굳건하게 성장하게 될 줄은 꿈에도 생각하지 못했다. 역사적으로 볼 때, 영국의 형제교회는 우리 단체의 많은 리더와 연결되었다. 영국 오엠의 초대 대표였던 키스 벡위드Keith Beckwith, 나의 후임으로 오엠 총재로서 섬겼던 피터 메이든Peter Meiden 도 영국 형제교회 출신이다. 형제교회 안에서 각각 독립적인 교회로 많은 분파가 생겨났지만 하나님의 역사가 계속 일어나고 있으며, 이들은 여전히 세계 선교에 비교적 활발하게 동참하고 있다. 형제교회들 가운데 많은 교회로부터 초청을 받아 하나님 말씀을 나눌 수 있었고, 그들의 중요한 리더십 집회에서 강사로 섬길 수 있어서 큰 격려가 되었다. 요즘 어떤 형제교회들은 목회자들을 두고 있지만 여전히 팀 사역으로 교회를 이끌어 가고 있다. 어떤 교회들은 그런 방식에 실망하면서 더욱 분열이 일어나기도 했다. 그런데 솔직하게 얘기하자면, 교회가 나누어지고 분열하게 될 때, 그것은 하나님의 신비로운 방식으로 교회가 성장하는 한 방법이기도 하다. 그렇다고 어떤 죄나 잘못에 대하여 변명하는 것은 결코 아니다. 즉, 우리가 직면한 엉망인 상황에서도 하나님께서 역사하신다는 사실을 직시해야 한다.

교회를 다양한 교파의 각기 다른 방식을 총동원하여 이끌어가기에는 여력이 부족하다. 놀랍게도, 인도에서 우리 오엠 사역은 전적으로 현지인 리더십 아래 진행되고 있는데, 형제교회, 침례교, 감리교, 영국 성공회 그리고 은사주의 교단을 모두 통합하는 방식을 택했다. 인도에서 선한목자교단The Good Shepherd Churches 은 우리의 전체 역사로 볼 때 가장 큰 열매 중 하나이지만 그들이 스스로 자기 길을 찾도록 내려놓아야 했다. 우리 주님이 어떻게 일하시는지에 대한 나의 관점 변화가 그런 상황을 이해하는 데 얼마나 큰 도움이 되었는지 이루 다 말로 표현할 수 없다. 그곳에서 일어나는 사역에 내가 감격해 하고 열렬한 후원자인 것은 분명하지만, 그렇다고 해서 모든 것에 다 동의하는 것은 아니며, 뿐만 아니라 다 이해하지도 못한다. 수많은 사람이 한꺼번에 그리스도께 돌아올 때는 언제나 엉망에 흥분까지 더해 정말 엉망진창이 된다! 바로 그렇기 때문에 우리는 훌륭한 사역과 그와 유사한 사역을 위해서 더욱 더 기도하고 후원해야 한다. 우리는 이 급속한 성장을 겪으면서 실수애 대한 대가를 지불해야 한다는 교훈을 배웠다. 또한 사탄과 그 졸개들이 사역을 망치려고 어떻게 뒷담화를 이용하는지도 좀 더 배웠다. 하나님께서 다양한 교회 가운데 여러 다른 방식의 리더십을 통해 다르게 역사하시는 것에 우리 모두가 좀 더 긍정적이 될 수는 없을까?

할리우드와 기독교 영화

나는 어렸을 때 훌륭한 영화(때로는 나쁜 영화)를 매우 좋아했기 때문에 초신자로서 영화가 전부 사탄의 것이라는 말에 상당히 충격을 받았다! 무디신학교를 다닐 때는 영화관에 가지 않겠다는 서류에 서명도 해야 했다. 나는 예수님과 세계 선교에 대한 열정이 매우 강했기 때문에 영화관에 가려고 하지도 않았고 여러 문제에 대해서 당시 학교 규율을 그저 따라갔다. 나중에야 그것은 매우 율법주의적인 것이고 내가 그것을 붙들고 있다는 것을 깨달았다. 한 가지 확실한 것은, 우리는 하나님께서 율법주의적인 환경 속에서 일하실 수 있다는 것을 증명하는 수백 년의 역사가 있지만, 나는 성경이 더 나은 방법을 가르친다고 믿는다. 이것은 문화와 밀접하게 관련이 있고 하나님은 어떠한 문화적 상황이든지 놀라운 방법으로 그 문화 속으로 들어가실 수 있다고 본다. 미국 남부 텍사스 주민들이 구원 받으면 그들은 여전히 텍사스 사람들이다. 아마 북부 보스턴 출신의 그리스도인 형제들에게는 좀 껄끄러울 수는 있어도, 살아 계신 하나님께는 별일 아니다. 우리가 좀 더 하나님을 중심으로 삼고 그분의 놀라운 방식을 더욱 이해

한다면 여러 도시와 지방, 국가들 간에 오해가 해소될 수 있을 것이다.

우리 선교 단체는 켄 앤더슨Ken Anderson 과 다른 많은 사람이 이끌어 온 기독 영화 사역에 긴밀하게 협력해 왔다. 1963년이었는데도 우리는 여러 대의 트럭에 영사기를 싣고 유럽을 종횡무진하며 수백만 명의 사람에게 영화를 보여 주며 복음을 전했다. 그때부터 쭉 우리는 영화를 (그 후에는 비디오테이프, 지금은 DVD를) 복음 전도의 주요 방법으로 활용했다. 거의 모든 영화가 특히 영화계에 있는 사람들에 의해 비판을 받는다는 것을 알게 되었다. 왜냐하면 대부분 영화들이 적은 예산으로 제작되어 부족한 부분이 많았기 때문이었다. 이 영화를 통해 수백만 명이 어떻게 예수를 알게 되었는지 훗날 역사를 통해 그리고 우리가 천국에 갔을 때 확실히 알게 될 것이다. 이것만 봐도 하나님의 생각이 우리와는 얼마나 다른지 보여 주지 않는가? 우리는 물론 멋지고 더 나은 영화를 간절히 원하지만, 하나님은 우리가 좋게 여기지 않거나 거부까지 하는 영화를 사용하시기도 한다. 우리가 살아 계신 하나님보다 훨씬 더 쉽게 정죄하며 편협하지 않은가? 누가 바꾸어야 하는가?

교회 건물

세계 곳곳에서 사람들이 기아로 죽어가고 가난으로 찌들어 있는데, 교회 건물에 돈을 쏟아 붓는 것을 많은 사람이 이해하지 못한다. 이 시대에 사회적으로 진보적인 그리스도인들은 지난 19세기 계급 사회 체제를 도저히 이해할 수 없다. 구세군이나 감리교와 같은 교회는 전반적으로 이에 부응하여 태동한 면도 없지 않다. 이 교회들과 다른 많은 교단은 전 세계에 그들의 신앙을 전파했고, 인도나 파키스탄의 현대 교회에까지 이르렀지만, 그곳 거대한 교회 건물들이 종종 법적으로 묶여 있거나, 훼손되고 누추하게 보이는 경우도 흔하다. 그렇다고 해서 오늘날 이런 교회 건물 안에 있는 사람들에게는 하나님이 일하시지 않는다고 말할 수 없다.

일부 대형 교회들이 새롭게 건축하는 것은 내가 보기에는 여전히 멋지고 특별한 건물을 갖고자 하는 건강하지 못한 마음에 매료되어 있는 것 같다. 물론 그것이 나에게는 문제지만, 하나님께는 별로 대수롭지 않은 일이라고 생각한다. 내가 무슨 말을 하려는지 독자 여러분이 이해할 수 있을 지 모르겠다. 어떤 사람들은 옛 교회 건물이 팔려서, 가령 모스크가 된다고 할 때, 매우 분하게 생각한다. 개인적으로 하나님께서 오래된 건물에 관심을 가지시는 것보다는 무슬림을 포함한 사람들에게 훨씬 더 많은 관심을 갖고 계신다고 생각한다. "왜 복음과 사랑으로 무슬림 이웃들에게 다가가지 않느냐?"라고 하나님께서는 우리에게 그런 질문을 하실 것이다. 문 닫은 일부 교회들은 영적으로 오랫동안 이미 죽어 있었고, 말씀의 진리에서 떠난 지 수십 년이 되었는데, 왜 그렇게 걱정하는가? 심지어 영국 같은 땅에도 수천 개의 새로운 교회와 다양한 종류의 기독교 단체가 있으니, 오늘날 분명 거기에 하나님의 마음이 더 향할 것이다. 교회 건물과 온갖 종류의 다른 건물이 필요한 것을 나는 분명히 알지만, 하나님께서는 각기 다른 사람들을 각각 다른 방법으로 인도하실 것이다. 극소수의 사람들이 교회 문화를 포함해 그 시대의 문화에 의해 영향을 받을 것이다. 나는 가끔 속상한 생각이 들지만, 다행스럽게도 그것이 하나님께 그렇게 큰 문제는 아니라고 생각한다.

6장

교리적으로
꼭 독단적이어야 하나?

●　●　●　　　　　　　　　　　　　　　우리와 같이 확신이 강
하고 헌신적이며 성경을 믿는 그리스도인들이 조금이라도 바뀌
는 것이 얼마나 어려운 일인지 모른다. 그러나 잘못된 것이 있으
면 우리는 기꺼이 바꾸어야 할 필요가 있다. 그렇다. 변화가 없으
면 우리는 자주 영적으로 침체되고 무력해지며, 점점 젊은이들과
교류가 없어진다. 변화가 없이는 다음 세대에게 비전과 사역을
전수하기 어렵다.

　우리가 어느 특정한 교단이나 신학교, 신학대학원에서 교육
을 받았다면 그곳에서 지대한 영향을 받게 된다. 그 학교의 졸업

생들은 그곳에서 배운 모든 교리를 그대로 굳게 믿는 것 같다. 우리는 때로 모든 것에 대한, 심지어 인생과 신학에서 가장 어려운 질문에 대한 답도 가지고 있다고 생각한다. 내가 볼 때 이것은 커다란 오해다. 우리는 계속 배우고 성장해야 하며, 이 말은 우리가 잘못되었을 때는 우리의 잘못을 인정한다는 의미도 포함된다. 기독교 신앙의 기본에서는 흔들림이 없어야 하지만, 해석의 여지가 많은 다양한 부분에서는 나는 그렇게 독단적이지 않는 편이 낫다고 생각한다. 만약 우리가 성경이 말하는 것처럼 "각각 자기보다 남을 낫게 여긴다면(빌 2:3)", 우리는 다른 사람들에게 좀 더 귀를 기울이고 기꺼이 변화하려 할 것이다.

내가 예수님을 믿고 그 은혜로 구원 받았다는 사실에 그다지 관심이 없는 사람들을 오랫동안 많이 만나 보았다. 그들은 내가 개혁주의자인지 아니면 은사주의자 혹은 아르미니우스주의자나 침례파인지 혹은 다른 교리를 믿는지에 더 많은 관심을 보였다. 또 어떤 사람들은 내가 종말론이나 유대인에 대해 무엇을 믿는지, 어떤 번역본의 성경을 사용하는지 알고 싶어 했다. 이 모든 것이 상관없다는 말은 아니지만, 이것이 정말 주님을 기쁘게 해드리는 것일까? 이런 종류의 사고 방식이 주님께 영광이 된다면, 우리는 어떤 것을 가장 원해야 할까? 내가 60년 가까이 성경과 교리, 신학을 공부했는데도 논쟁이 많은 부분들에 대해서 아직도 무엇이 진리인지 분명하게 확신하지 못하고 있으며 내가 존경하는 리더들이나 읽은 책들의 많은 저자도 서로 크게 상반된 입장을 보인다. 그렇다면, 나처럼 이렇게 나이 많은 사람들에게 무슨 희망이 있을까?

신학을 연구하는 수많은 사람이 길을 잃고 성경이 하나님의 말씀인 것을 더는 믿지 않는다는 사실은 내게 평생 고민이었다. 때로 '자유주의 신학'이라고 부르는 신학이 1920년, 1930년대에 많은 신학대학과 대학원에서 주류를 이루었다. 독일, 스위스, 네덜란드와 같은 나라, 스리랑카나 인도까지 포함해, 물론 미국에서 자유주의 신학이 얼마나 영향을 끼쳤는지 우리가 알기 시작하지 않았는가? 이러한 측면에서, 성경을 믿는 우리가 많은 부차적인 문제로 인해 분열되지 않고 하나로 연합해야 되지 않겠는가? 메시올로지를 인정한다면 그렇게 하는 데 분명 도움이 될 것이다.

사소하거나 논쟁이 될 만한 이슈들에 대해 좀 더 유연해지고 지나친 독단주의가 좀 더 줄어든다면, 그런 이슈에 반응하여 불신앙의 깊은 늪에 빠지는 사람들도 더 줄어들 것이다. 지나치게 독단적인 태도를 견지하는 사람들 중에는 결국 신앙을 아예 잃어버리는 경우도 있다. 역사가 이것을 증명하는데, 나도 그들 중에 들어갈 뻔 했다. 내가 당부하고자 하는 것은 태도의 변화, 곧 더 겸손한 자세를 가지라는 것이다. 그리고 하나님께서 우리에게 또 우리의 생각 속에 원하시는 것에 대해 조금 다른 관점을 가지라.

더 풍성한 성령의 열매로 사는 것과 더 배려 깊은 교리적 발언도 물론 포함된다. 사랑이 없이는 아무것도 아니라는 분명한 메시지를 과연 우리가 진심으로 깨달을 수 있을까? 다른 방식으로 믿는 사람들의 말에 좀 더 귀 기울이고 좀 더 존중할 수 없을까? 특별히 그들이 성경이 하나님의 말씀임을 기본적으로 여전히 믿는다면 말이다.

옛날 사고방식이고 교리적으로 매우 독단적인 저자이자 설교자 중 한 사람이 최근에 쓴 책을 통해 오순절파와 은사주의 전체를 정죄한 적이 있다. 지난 2천 년 교회 역사 가운데 가장 큰 교단 중에 속하는 데 말이다. 놀랍게도 다른 훌륭한 교수이자 목회자이고 신학자가 그 책에 상반되는 관점으로 책을 써 냈다. 나는 둘 다에 관심이 많았다. 나는 이쪽저쪽으로 왔다 갔다 하면서 즐겼다! 나는 두 번째 책이 진리와 하나님의 마음에 좀 더 가깝다고 느꼈는데, 그 책은 R. T. 켄달Kendall 이 저술한 『거룩한 불』Holy Fire, 순전한나드 역간, 2015 이다.

나는 늘 극단주의를 경계하는 글을 써 왔다. 「은사」Charisma 라는 잡지를 발행하는 리 그래디Lee Grady 와 같은 많은 오순절주의자가 그리스도의 몸 된 지체로서 연약한 부분이 있다는 점은 지나친 말이 아니다. 그럼에도 불구하고 그들은 성경이 하나님 말씀인 것을 믿으며 그 믿음으로 복음을 신실하게 전파하는 가장 신실한 (엄청나게 다양한 교파와 교회를 가진) 교단 중 하나다. 그들의 노력과 기도 응답으로 수백만 명이 넘는 사람이 예수님께로 돌아왔다.

그들이 때로는 다른 가르침을 더하는 것도 있고 어떤 내용은 내가 느끼기에 잘못된 것 같기도 하다. 그러나 그것은 교회 역사상 대부분의 교회와 선교 단체에 있어서도 마찬가지다. 분명히 하나님께서는 당신의 긍휼로 모든 상황에서 여전히 사람들을 구원하신다. 내 생각에 사람들을 구원하는 일이야말로 진정한 하나님의 뜻인 것이다. 우리는 종종 우리가 가르치고자 하는 부분을 내세우기 위해 오순절주의자들이 매우 잘하는, 아주 대단한 구원의 중요성을 평가절하해 버린다. 오순절파나 은사파인 내 친구들이 교리적인 공격을 받을 때, 나는 정말 괴롭고 안타깝다. 성경에서 분명하게 말하지 않는 내용이나 위대한 믿음의 사람들도 수세기 동안 합의하지 못한 이슈들에 관해 종종 지나친 교리적 독단주의라는 동일한 함정에 빠진다.

유명한 사람들(특히 방송 설교자들)이 큰 잘못을 범하고 죄를 지은 안 좋은 이야기로 한 그룹이 다른 그룹을 종종 공격한다. 오랜 시간이 흐르면서 나는 교계의 그런 불편한 이야기들이, 제법 그럴듯하게 들려도, 그것을 증명할 수 없다는 것을 알았다. 하나님은 우리에게 "무엇에든지 참되며 무엇에든지 경건하며 무엇에든지 옳은(빌 4:8)", 그런 것을 좀 더 생각하라고 명하셨다. 앞장서

가는 보수 선교 단체의 사역자들이 소아성애 paedophilia 로 유죄 판결을 받고 감옥에 갇혀 있지만 그 선교 단체와 구속된 사람들의 혐의에 대한 아무런 증거를 찾아내지 못하고 있다. 정말 가슴 아픈 일이다. 바로 오늘 아침에 나는 다윗, 사울, 솔로몬에 대해 공부했다. 고든 맥도날드의 훌륭한 책, 『무너진 세계를 재건하라』를 읽어 보면 구약 인물들은 대부분 "깨어진 세계를 경험했다."라는 것을 알 수 있다. 우리가 강하게 지키고 흔들리지 않아야 할 (일부는 독단적이라는 단어처럼) 많은 부분이 있지만, 언제나 겸손을 유지하면서 배우는 자세로 변화될 준비를 하자. 그리고 더욱 예수님을 닮아가자.

우리 사역의 일부이기 때문에 사람들을 돌보는가? 아니면 우리 마음에 은혜의 혁명적인 역사로 진정 사람들을 돌보는가? 이것은 또 다른 질문으로 이어진다.

주로 사람들이 우리 선교 단체에 속해 있기 때문에 돌보는가? 그래서 몇 년이 지나 우리 곁을 떠나면 그들의 이름도 기억하지 못한단 말인가? 아니면 그들이 어떤 길을 가든지 그들을 사랑하고 돌보기로 헌신하는가?

내가 조사한 바로는, 많은 사람이 사역이나 선교 단체를 떠난 후에는 곧 잊힌다고 느낀다. 아, 사탄은 그것을 이용할 방법을 어떻게 알았을까? 사탄은 그 선교 단체가 단지 그들을 이용했다고 믿도록 미혹한다. 사람들은 대개 그렇게 많은 이와 연락을 주고 받을 시간이 없다고 말하지만, 사람들의 생활을 살펴볼 때, 그들이 시간을 낭비하는 것을 보면 어이가 없다. 우리가 용서하고 사랑을 실제로 실천하는 것이 부족하고, 우리 자신이 얼마나 자기중심적인지를 직면하는 것은 어려운 일이다. 이 점에 있어서 나 또한 순례자요, 실패자요, 배우는 자로 나 자신을 위해 이 글을 쓴다.

7장

로맨스, 결혼,
재정과 큰 긍휼

● ● ● ●   내가 한 열세 살 때쯤 스
포츠 경기와 돈 버는 일 못지 않게 여자애들을 사귀는 데 꽤 관심
이 많았던 것 같다. 나는 처음 사귄 여자애를 꾸준하게 만났다.
댄스 레슨을 마치고 영화 "쿼바디스"*Quo Vadis, 1951*를 함께 보러 갔
는데, 어린 나에게 그 영화가 얼마나 큰 영향을 미쳤는지는 나중
에 천국에 가면 알 수 있을 것이다. 그 당시 내가 다니던 고등학
교 맞은편에 살았던 클랩 여사 Mrs. Clapp 가 거룩한 성령의 기도 명
단에 내 이름을 올리고서는 내가 그리스도인이 될 뿐 아니라 선
교사가 되도록 간절하게 기도하기 시작했다. 아니, 나한테 상의
한마디 없이 말이다! 나에게는 사실 다른 인생 계획이 있었다. 이

미 하고 있던 사업이 잘 되고 있었고, 그쪽으로 직업을 삼으려 고려하는 중이었다.

린이라는 멋진 여자애는 내 삶에 좋은 영향을 주었다. 그 아이는 침례 교회를 다녔는데, 나는 침례교가 무엇인지 전혀 몰랐다. 린이 보여 준 침례탕이 내게는 이상하게 보였던 기억이 난다. 나는 린의 부모님도 알게 되었고, 그분들을 존경했으며, 그분들은 모두 내게 선한 영향을 끼쳤다. 린과 나는 함께 춤도 추며 가끔 키스도 했지만 돌이켜보면 감사한 것이 그녀와는 거기까지였다. 그녀와 헤어진 후, 다른 여러 여자애들에게 관심을 갖고서 기웃거렸는데, 안타깝게도, 그때 잠시였지만, 나는 소위 말하는 음란 잡지를 읽고 싶은 유혹을 받기도 했다. 그리고 바로 이때 클랩 여사와 그분의 아들 대니가 보내준 요한복음이 내 삶에 개입하기 시작했다. 내가 약간 자유주의 신학의 개혁 교회를 다녔는데 그곳에서 신실하신 주일학교 선생님을 만났다. 그분은 거의 여호와의 증인이 될 뻔했는데 드한_{DeHann} 박사의 라디오 방송 사역을 통해 신자가 되었고 나에게도 영향을 미쳤다. 회심 이후, 내 평생 친구가 되신 분은 프레드 그나드_{Fred Gnade} 이시다. 특히 그분의 여동생 셜리가 기억난다. 뉴저지주 윅오프의 반후튼가_街 에서 내 어린 시절을 보냈는데 그녀는 바로 근처 이웃에 살았다. 사실 셜리는 나의 첫 키스 상대였는데, 아마 그때 우리 나이는 여섯 살이었을 것이다.

1955년 3월 3일, 뉴욕의 매디슨 스퀘어 가든 Madison Square Garden 에서 있었던 빌리 그레이엄 Billy Graham 전도 집회에서 구주로 영접한 예수 그리스도가 나의 모든 것을 바꾸어 놓았다. 그날 밤, 나는 빌리 그레이엄의 전도 집회에 참석하여 영적으로 거듭났고 모든 것이 변화되기 시작했다. 그 시절에 대한 이야기는 오엠 역사에 대해 이안 랜델 Ian Randell 이 쓴 『영적 혁명』 Spiritual Revolution, Authentic Media, 2008 에서도 읽을 수 있다. 나는 하나님 나라 백성의 새로운 가족이 되었고 하나님의 사람들이 얼마나 다른지 그리고 어떻게 다른 생활 방식으로 살아야 하는지를 곧 알게 되었다. 더는 키스나 춤이 용납되지 않아 보였지만, 그것에 대한 성경 구절은 못 찾아 한동안 둘 다 계속했다.

17세가 되었을 때, 내 차를 장만했는데 그 차 모델은 Henry J 이었다. 진짜 오래된 고물 자동차다! 고등학교 3학년이었을 때, 나보다 훨씬 어리고 미국 성공회 교회에 다니던 마고 Margo 라는 여자아이에게 반했다. 하나님께서 크게 은혜를 주시면서부터 나는 성경 말씀을 열심히 읽고 고등학교 학생회장으로 선출되어 학교에서 복음을 전하기 시작했다. 좀 어리석은 나의 행동으로 인해 전국우수학생협회 National Honor Society 에는 못 들어갔다. 그렇지만 졸업반이 되었을 때, 내 삶이 얼마나 변화되었는지 당시 우리들 사이에 대단하게 여겨졌던 그 협회에 결국 허입될 수 있었다. 그 당시 어느 날, 나는 정말 엉뚱한 짓을 범하고 말았다. 숲길 같은 길에서 차를 잠시 세우고, 내가 마고의 목을 껴안고서 몸을 좀 더 움직이는데 경찰이 창문을 두드렸다. 그때 무슨 이야기를 들었는지 전혀 기억이 나지 않지만, 너무나 당황한 나머지, 후진을 하다 차가 그냥 도랑에 빠져 나올 수가 없었다. 그날 밤이야말로 내 십 대 시절의 가장 부끄러운 흑역사가 되었는데, 마고의 아버지가 사고 현장에 오셔서 우리를 구출해 주었다. 그 일로 그분께서 술을 좀 드셨는지 우리가 하지도 않은 행위를 가지고 비난하셨고, 곧 우리 관계는 끝장이 났다. 난 이 일을 생각할 때마다 기분이 상했고, 그 어린 소녀에게 상처를 준 것 같이 느껴졌다. 그때 이후 그녀와의 관계는 끝이 났다.

교회 주차장에서 이와 비슷한 사건이 한 번 더 일어난 후, 모험적인 로맨스 시대는 마침내 막을 내렸다. 그것은 사람들이 나를 위해 기도해 주었기 때문이라는 것을 확신한다. 나는 이성 교제에 대한 '단절'을 결심하고서는 데이트와 키스를 (그저 베개에나 할 뿐) 중단했고, 거의 2년을 그렇게 보냈다. 그 다음에 이성을 만나 교제한 상대가 바로 드레나, 나의 아내다. 내가 메리빌대학에 입학하기로 결정한 이유 중 하나는 매일 점심 식사 후에 댄스 시간이 있다고 들었기 때문이었다. 그렇지만 그곳에서 전혀 함께 춤추지 않았고 여자친구를 사귀지도 않았다. 그곳에서 나의 신앙생활 초반기를 보내면서 많은 성장이 일어났다. 어떤 사람들은 내가 예수 그리스도로 뜨겁게 불타올랐다고 말했다. 수업이 없는 시간에는 기도하고 말씀을 읽고, 크리스천 모임에 참석하거나 나가서 전도했다. 놀랍게도 어느 시골의 침례 교회 목사님이 나를 설교자로 초청했다. 그 이후 블론트 자치구 교도소 사역의 문이 열렸고, 내가 겨우 18살이었을 때, 내쉬빌 주립 교도소에서 하나님 말씀을 전할 수 있는 기회를 가졌다.

내 삶에서 좋은 책을 정말 많이 만났다. 오스왈드 스미스Oswald Smith 의 『구령의 열정』*The Passion for Souls*, 생명의말씀사 역간, 2013 개정판, 엘리자베스 엘리엇Elizabeth Elliot 의 『영광의 문』*Through Gates of Splendour*, 복있는사람 역간, 2003 도 그때 읽었다. 방송 통신 과정으로 사람들을 그리스도께 인도하는 방법을 배웠는데, 이를 통해 많은 유익을 얻었다. 그 시골 침례 교회 목사님이 나를 채터누가Chattanooga 에 위치한 테네시템플신학교Tennessee Temple Bible College 에서 열린 선교 대회에 데려가셨는데 처음 참석한 그 선교 모임에서 내 삶이 새롭게 바뀌게 되었다. 이전에 내가 요한복음을 읽고 회심하는 계기가 되었는데, 바로 포켓신약성경협회가 출판하고 배포한 것이었다. 나는 그 위대한 신약 성경을 모든 사람이 가지고 있는 것을 보고 싶었다. 회심 후 초신자였던 나는 다니던 고등학교 학생 1천 명에게 그 성경책을 배포하였고 읽겠다는 약속을 받아 냈다. 세계 여러 나라에 엄청나게 많은 사람이 아직도 복음을 듣지 못했다는 것을 알아가면서, 내 마음과 생각 속에 그들을 위해, 특히 무슬림들을 향한 비전이 자라갔다. 재정이 절실히 필요한 것을 깨닫기 시작하면서 가능한 내가 가진 모든 것을 팔아서 선교 헌금으로 보냈다. 더 많은 재정으로 후원하기 위해 내가 다니던 대학의 구내 식당에서 일하기도 했다.

이 무렵 우리는 1957년 여름, 처음으로 멕시코 선교 여행을 떠났다. 나는 좀 서툴지만 스페인어로 대화할 수 있었고 그곳에서 복음의 능력을 목격했다. 그리고 몇 가지 다른 이유로 메리빌대학을 떠나 시카고의 무디신학교로 편입하고 싶었다. 나는 특별히 대도시에 살면서 복음을 전하길 원했다. 뉴욕 지하철에서 수천 장의 전도지를 돌리면서 그 필요를 매우 절실히 느꼈고, 그 후 멕시코로 가기 바로 전에 유명한 빌리 그레이엄 집회에 참석했었는데, 심지어 그곳에서도 거리 전도를 했다.

무디신학교에 도착해서, 특히 아주 매력적인 여학생이 그곳에 많은 것을 보고 큰 충격을 받았다. 첫 주에 몇몇을 보고는 얼이 빠졌었는데, 그래도 스스로 약속한 것을 지키며 '이성교제 금지'를 계속 이어갔다. 돌이켜보면, 만약 내가 누군가에게 키스하려고 시도했다면 아마 두껍고 커다란 킹제임스 성경책으로 얻어 맞았을 것이다! 무디신학교는 마땅히 따라야 할 규율이 있었고 모든 것에 대해 매우 엄격해 보였다.

전도에 대한 열정으로 기독 영화를 구하려 7층인가 8층에 있는 학교 사무실을 찾아 갔는데, 그날이 내 인생을 바꿔놓을 줄은 꿈에도 몰랐다. 드레나가 사무실 책임자로 앉아 있었다. 그녀를 보자마자 로맨스 전선에 불이 붙었고, 그동안 지켜온 '이성교제 금지'를 깨고서 그녀에게 다가갔다. 첫눈에 반해버린 내가 뭔가 좀 어벙한 말을 건네자, 그런 나를 처음 보는 그녀는 깜짝 놀란 표정이었다! 다행히 별탈은 없었고, 드레나는 나를 만나 주기로 했다. 데이트를 막 시작하면서 나는 불쑥 이런 말을 해 버렸다.

"뭐, 우리 사이에 아무 일도 없겠지만, 무슨 일이 생기면, 그러니까 혹시라도 만약 우리가 결혼을 하게 된다면, 내가 선교사가 될 것이라는 점을 이해해 주어야 하고 어쩌면 드레나 씨가 파푸아뉴기니에 가서 식인종에게 잡아 먹힐지도 모릅니다."

우여곡절 끝에 어떻게 우리가 결국 결혼하게 되었는지 이야기하자면 길다. 멕시코 시티에서 단기 선교 일정으로 힘든 여름을 보냈고, 나는 그녀를 그곳에 잠시 남겨두고 무디신학교로 돌아왔다. 그때 나의 친한 멕시코인 친구가 드레나를 좋아하게 되었는데, 그래도 괜찮겠냐고 나에게 전화로 물어왔다. 이것을 놓고 나는 진지하게 금식하고 기도하지 않을 수 없었다. 드레나와 전화로 통화한 후에 그녀는 곧장 장거리 버스를 타고 멕시코시티에서 시카고로 돌아왔다.

이런 모든 일을 통해 나는 실제로 사랑하는 것과 감정을 표현하는 것이 부족함을 절실히 깨달았다. 드레나는 자신과 자신의 깊은 감정적 결핍을 발견해 가고 있었다. 그녀가 자기 방에서 예수님과 홀로 조용한 시간을 보내며 그리스도의 모든 충만을 이해하는 깊은 경험이 없었더라면 아마 우리의 약혼은 깨어졌을지도 모른다. 그 경험은 드레나가 오랫동안 앓아왔던 육체의 질병이 치유되는 경험으로 이어졌다.

우리가 결혼한 날, 1960년 1월 31일을 결코 잊을 수 없다. 우리에게는 화려한 것이라곤 아예 없었고, 드레나의 새 아버지, 헨리는 그리스도인이 아니었다. 장인께서 수년 후 회심하신 이야기는 언제나 하나님께 감사드릴 제목이다. 우리는 레이크드라이브침례교회에서 주일 오전 예배 후에 바로 결혼식을 올렸다. 그 교회는 자체 건물 없이 학교 체육관을 빌려 사용했다. 월터 보차드_{Walter Borchard} 가 나의 들러리였다. 대부분 무디신학교 학생들이었던 우리 친구들은 시카고에서 버스를 타고 올라왔다. 데일이 피로연에서 강력한 메시지를 전했는데, 우리 부부는 결혼 선물을 받으면 모두 다 팔아 세계 선교에 헌금할 것 같으니 친구들이 우리를 위해 할 수 있는 제일 좋은 선물은 기도해 주는 것이라고 말했다. 그 설교가 녹음된 옛날 테이프를 잃어버려서 얼마나 아쉬운지 모른다.

지난 60여 년 우리 결혼 생활을 되돌아보면서 어떤 것을 나누어야 독자 여러분께 도움이 될까? 지난 1970년대에 나는 결혼에 대한 책을 쓰기로 하고 제목을 "혁명적인 결혼"이라고 붙여 아웃

라인까지 작성했었다. 그러나 사실은, 그런 글을 쓰기보다 나 자신의 결혼 생활을 꾸리는 법을 더 배울 필요가 있었다. 결혼 생활에서 배워 온 몇 가지를 나누려 한다.

1. 결혼은 성경에 기초한다. 이것은 우리 결혼에서 실제적인 토대가 되어 주었고, 언제나 모든 것 중심에 그리스도를 두기 원했다. 신혼 시절을 멕시코시티에서 보내면서 우리가 임대하여 사용했던 서점의 뒷방 맨바닥에서 지낼 때 결코 쉽지 않은 신혼 생활을 했다. 나는 결혼 생활이야말로 우리의 성화sanctification 과정에 필요한 하나님이 주시는 철학 박사Ph.D. 프로그램과 같이 많은 인내와 노력이 필요하다는 것을 곧 알아챘다. 우리 부부는 로이 헷손의 책, 『갈보리 언덕』에 나오는 제6장 "가정에서의 영적 부흥"Revival in the Home 을 읽으며 상한 심령과 겸손, 성령 충만, 십자가에 못 박힌 삶에 대해 많은 것을 배워나갔다. 지난 모든 시간을 되돌아보면서 내 삶의 동반자로서 딱 맞는 배우자를 만난 것임을 새삼 깨달았고, 그분의 은혜로 우리는 서로 전적으로 헌신할 수 있었음을 알았다. 지금 생각하면 웃을 수밖에 없는 일이 정말 많지만 말이다. 성경을 읽어 보면 우리가 선택할 다른 길은 없었다. 그리고 잃어버린 영혼들과 그들에게 복음을 전해야 하는 것을 우선순위에 두었고 이것은 우리 부부의 삶에 매일같이 영향을 주었다.

2. 사랑의 혁명 Revolution of Love 이라는 제목으로 글로 쓰고 설교하고 실천하려고 하는 것은 고린도전서 13장과 관련된 다른 성구들을 토대로 삼아 온 것이며, 우리 결혼 생활에서 가장 중요한 요소들을 표현하고 있다. 특별히 나는 극단적이고 민감하지 못한 면이 있었는데, 하나님께서 나의 그 부분을 깨트리고 다루어야 하셨다. 인내심의 부족은 평생 내내 나의 문제다. 교만함과 어떤 종류의 죄라도 싫어하는 마음은 나 자신을 낮추고 속히 회개하도록 만들었다. 은혜의 기적으로 하나님과 동행하는 삶은, 일찍이 분노에서 자유로울 수 있었고, 우리 부부가 함께 사역하며 리더십을 발휘하는 데에 중요한 요소였다. 종종 불순종하고서 곧바로 회개해야 하는 일이 있었는데, 특별히 아내와 자녀들에게 분노를 터트리고 거친 말로 상처를 준 일이다. 그 시절을 생각하면 지금도 마음이 정말 아프다. 스페인에서 장남 벤자민이 태어난 후에 다시 영국으로 옮겨 간 것은 우리 가정으로서는 매우 큰 변화였다. 그 당시 나는 빌리 그레이엄의 중요한 책, 『일곱 가지 치명적인 죄에서의 자유』 Freedom From The Seven Deadly Sins, Zondervan, 1963 를 읽으며 겸허하게 나 자신을 돌아볼 수 있었는데, 이 책으로 인해 주님께 얼마나 감사한지 모른다. 앞에서 언급했듯이 나는 초신자 때부터 빌리 그레이엄의 라디오 방송 설교를 늘 읽고 청취해 왔다. 『하나님과의 평화』, 『빌리 그레이엄의 행복』 The Secret of Happiness, 두란노 역

간, 2007 과 같은 그분의 다른 저서들은 내 삶의 기초를 다지는 데 모두 중요한 열쇠가 되었다.

3. 지역 사회와 전 세계에 하나님의 말씀을 전하겠다는 나의 열망은 새로운 선교 단체를 시작하는 것과 맞물려서 언제나 재정적인 압박감과 어려움을 초래했다. 내가 급진적으로 이 끌어 가는 측면을 하나님은 그래도 사용하시는 듯했으나 몇몇 사람과 나의 아내를 혼란스럽게 만드는 것 같았다. 나는 누가복음 14장 33절 "이와 같이 너희 중의 누구든지 자기의 모든 소유를 버리지 아니하면 능히 내 제자가 되지 못하리라."는 말씀에 역점을 두었다. 그 도전으로 우리는 갖고 있던 소유물을 대부분 팔아 주님께 드렸다. 다른 사람들도 이 부분에서 우리를 따라 했는데, 어떤 때는 돈을 낭비하는 다른 사람들을 보면 정죄하는 마음이 생기기도 했다. 우리는 빌립보서 4장 19절 말씀을 따라 주님의 공급하심과 균형을 이룰 필요가 있었다. 우리는 정말 좋아 보이는 것에도 어두운 면이 있을 수 있다는 신비함을 더욱 배워나가기 시작했다. 로마서 11장 마지막 구절이 우리에게 얼마나 중요한지 가늠할 수 있지 않은가?

깊도다 하나님의 지혜와 지식의 풍성함이여, 그의 판단은 헤아리지 못할 것이며 그의 길은 찾지 못할 것이로다 누가 주의 마음을 알았느냐 누가 그의 모사가 되었느냐 누가 주께 먼저 드려서 갚으심을 받겠느냐 이는 만물이 주에게서 나오고 주로 말미암고 주에게로 돌아감이라 그에게 영광이 세세에 있을지어다 아멘 _롬 11:33-36

4. 결혼 생활의 여정을 걸어오면서 말로 다 할 수 없지만 가장 큰 신비함은 많은 기도가 응답되지 않았다는 점이었다. 우리는 종종 실망과 더불어 낙심에서 오는 많은 공격을 받았으며 영적 싸움을 해야 했다. 세 자녀와 인도에서 살던 시간, 네팔의 카트만두에서 그리고 로고스 선교선에서 보낸 시간은 우리 가족이 함께 배우고 많이 성장할 수 있는 좋은 기회가 되었다. 그 모든 과정을 지나오는 동안 나는 아내 드레나의 도움과 지지를 느낄 수 있었다. 영적 싸움이 치열했을 때에도 그녀가 불평하는 것을 들어본 적이 거의 없었다.

5. 어찌된 일인지 1970년대 중반 드레나에게 우울증이 생겨서 모두 깜짝 놀랐다. 그때 어떤 여성이 어쩌면 내가 그 원인의 일정 부분을 제공했을 것이라고 직언해 주었다. 이 일로 하나님께서는 나를 깨트리셨고 삶에 어떤 변화가 필요한 지 그리고 한 남편과 아버지로서 어떻게 행동해야 하는지를 보여 주셨다. 1년 후, 드레나는 이 어두운 시기에서 벗어났고, 우울증은 다시 찾아오지 않았다. 유감스럽게도 이런 복잡한 질병에 대해 어떤 그리스도인들이나 심지어 어떤 서적들은

메시올로지 Messiology

단순한 해답을 내놓는다. 내 관점으로는 (나도 하나님이 치유하신다고 믿지만) 전체적으로 봤을 때 치유에 대한 극단적인 가르침이 우리가 아는 것 이상으로 더 많은 사람과 교회에 더 큰 상처를 준다.

미국의 어느 한 교회는 "세상에 의사는 없다."라는 원칙 하에 심한 극단주의로 치우쳤다. 심지어 그 교회에 자체 묘지가 따로 있었고, 30년 전에 이미 70명이 넘는 사람이 그곳에 묻혔는데 대부분 어린아이였다고 한다.

6. 비난을 잘 대처하는 것은 리더십의 중요한 부분인데, 그것이 나에게는 때때로 감내하기 어려웠고 개인적인 상처로 다가왔다. 우리의 결혼이나 아내에 대한 비난은 별로 없었지만, 그래도 그런 말을 직접 듣고, 때로는 다른 사람들을 통해 전해 듣는 것은 여간 힘든 일이 아니었다. 당신의 결혼 생활에 대해 비난을 받을 때, 당신은 리더십의 대부분과 하나님과 동행하는 영적인 부분까지 속속들이 검증받게 될 것이다. 하나님의 긍휼로, 우리가 정말 최악의 뒷담화나 비난을 듣는 일은 거의 없을 것이라고 확신한다. 특히 여러분이 세계 복음화를 위해 전력 질주를 한다면 말이다. 나는 데일 로턴과 피터 메이든과 같이 내가 아는 신실한 사람들이 나를 종종 찾아와 격려하고 지지해 주는 엄청난 축복을 누렸다. 그러한 신실한 친구들이나 동역자들이 없는 리더들은

훨씬 더 힘겨울 것이다.

7. 되돌아보면, 내 삶과 사역에서 변화가 필요한 부분에 대해 함께 빛 가운데 살아가는 가까운 친구들과 나를 비난하는 사람들에게서도 정말 많이 배웠음을 깨닫는다. 하나님께서는 그분의 말씀이나 신앙 서적들을 통해 비판 없이는 아무것도 할 수 없다는 것을 보여 주셨다. 뒷담화나 입소문의 파급력에 대해 우리는 결코 놀라지 않았다. 우리는 비난하는 자들을 사랑하고 하나님께서 그들에게 복 주시길 기도하고자 노력했다. 진실은 우리가 풍성한 삶을 누린 지난 세월과 현재의 삶이 행복하다는 점이다. 비록 나이가 들어 많은 것이 바뀌었고 특히 건강 상태에 변화가 생겨 이제 시니어로서의 삶을 살면서도 마찬가지다. 감사하게도, 이 책을 읽는 사람들을 포함해 나이 든 수많은 시니어가 우리를 위해 기도해 주신다. 온 마음을 다해 깊이 감사드리며 계속 기도해 주시길 소망한다.

8. 균형 Balance 은 우리 삶에서 가장 중요한 말 중 하나가 되었다. 일과 가정의 균형, 충전하는 것과 활동하는 것의 균형, 받는 것과 주는 것의 균형, 더 많은 사람에게 다가가기 위해 열정을 쏟는 것과 가족과 즐거운 시간을 보내며 휴식하는 것의 균형이다. 이것은 오래된 나의 성경책 안에 끼워놓

고 보는, 내가 균형 잡힌 삶을 위해 노력했던 몇 가지 목록이다. 그리고 내가 쓴 책 중 한 권은 제목이 『사랑의 혁명과 균형 잡힌 삶』 *The Revolution of Love and Balance* 이다.

9. 자녀들과 손주들은 언제나 우리 삶을 바꾸는 데 도움이 된다. 우리 부부는 자녀 셋과 손주 다섯 명을 주신 하나님께 감사를 드린다. 지금 모든 아이가 주님을 따르지는 않지만, 우리는 그들을 여전히 사랑하고 가능한 한 최고의 부모, 최고의 할아버지, 할머니가 되기 위해 노력한다. 우리는 여행이나 가족 휴가의 기회를 가지며 멋지고 즐거운 시간을 그들과 함께 보내고 있다. 솔직히 우리는 실패에 대해 잘 알고 있고, 이제는 내가 "비현실적이고 파괴적인 이상주의"라고 말하는 그 미묘한 뜻을 알 것 같다. 우리가 이상적인 높은 목표를 잡으면 패배자가 되기 쉽다. 믿지 않는 사람들 중에는 이런 것을 실패로 여기지 않는 이들도 있는데 말이다. 그래서 필립 얀시의 『놀라운 하나님의 은혜』 *What's So Amazing About Grace?*, IVP 역간, 2020 재출간 나 찰스 스윈돌의 『은혜의 각성』과 같은 책이 우리에게 매우 소중하다. 최근에 주님 곁으로 간 브레넌 매닝의 『부랑아 복음』 *The Ragamuffin Gospel*, 진흥출판사 역간, 2002 은 얼마나 신선한가? 특별히 초창기에는 율법주의가 우리 선교 단체와 가정에 들어와 얼마 동안 좋지 않은 영향을 주었다. 우리는 이제 베드로전서 5장 7절의 "너희 염

려를 다 주께 맡기라 이는 그가 너희를 돌보심이라."는 하나님 말씀을 실천하고 그분의 용서를 받아들여야 한다. 전적인 용서 없이, 전폭적인 제자도는 이루어지지 않는다.

8장

실수가 치러야 할
대가

● ● ● ●　나는 어린 시절, 나의 부
모님이 예수님을 개인적으로 믿는 분은 아니었을지라도 많은 부
분에서 기독교적 가치관을 갖고서 옳고 그름을 가르쳐 주신 것에
대해 매우 감사하게 여긴다. 두 분은 내가 어렸을 때부터 부지런
히 일하는 법을 익히도록 도우셨고, 이것은 내가 예수님을 알기
전부터 삶의 중요한 토대가 되었다. 학교생활, 스포츠, 보이스카
우트 활동을 아주 열심히 할 수 있었던 것도 어쩌면 부모님의 가
르침이 내가 생각하는 것 그 이상으로 큰 유익이 되었기 때문일
것이다. 아주 어렸을 때, 나는 보이스카우트 리더십 훈련의 고급
과정에 참가했다. 살아 계신 하나님께서 내가 어린 나이에 상상

하지도 못했지만 그 무엇인가를 위해 나를 준비시키셨던 것이 아 닐까? 여러분은 어떻게 생각하는가?

한가지 실수라도 여러 가지 애로점을 야기할 수 있다는 것을 나는 일찍이 터득했다. 꼬마 시절, 작은 동전을 콧등에 올려놓는 놀이를 하다가 그만 입안으로 삼켜버린 적이 있다. 어머니께서는 걱정이 되셨는지 나에게 대변을 보려면 학교에 가더라도 꼭 집으로 와서 봐야 한다고 다그치며 말씀하셨다. 다행히 내가 다니던 워싱턴초등학교는 우리 집과 거리가 가까워서 어머니 말씀대로 했고, 마침내 우리는 그 동전을 찾아냈다! 내가 저지른 또 다른 실수는 얼음이 언 호수에서 스케이트를 타다가 그만 얼음 밑으로 빠졌던 일이다. 때마침 누군가 나를 붙잡아 꺼내 주었다. 그런 실수로 목숨을 잃은 사람들의 사고 소식도 읽었는데 말이다.

나는 평생, 특히 예수님을 믿고 따르면서 열렬한 독서가로 지냈다. 나의 읽을거리는 책, 신문, 잡지, 기사 그리고 지금은 수많은 이메일인데, 이 책을 쓰는 데 도움이 되었다. 영화나 영상물, 특히 다큐멘터리를 많이 보는 것도 큰 유익이 된다. 그러나 어떤 책도 내가 하나님의 말씀으로 믿는 성경만큼 중요하게 여긴 적은 없다. 성경은 커다란 성공과 참담한 실패로 가득하며, 우리는 그 둘 모두에서 교훈을 얻을 필요가 있다.

무엇을 읽든지 언제나 사람들이 저지르는 실수에 대한 내용을 읽게 되는 것 같다. 예수님을 믿는 사람으로서 우리가 모든 실수를 죄로 생각하지 않는 것이 중요하다고 생각한다. 그것들은 우리의 타락한 본성에 어느 정도 뿌리를 두고 있을지 모르지만, 우리가 항상 즉시 회개해야 할 명백한 죄라고 여길 수는 없다. 사탄은 우리의 실수를 이용해서 우리가 낙심하거나 자책하도록 만드는 것을 좋아한다. 침울에 빠지고 낙담해 버릴 때, 우리는 자칫 잘못하면 죄나 잘못된 태도와 행동으로 이어지고, 영적으로 훨씬 더 많은 문제에 빠지게 된다. 여기서 배워야 할 큰 교훈은, 우리가 실수했을 때는 다시 일어나 차선책을 모색하며 전진해 나가야 한다는 것이다. 비브 토마스가 쓴 책, 『세컨드 초이스』 *Second Choice*, 죠이선교회출판부 역간, 2003 에서 많은 도움을 받을 수 있다.

역사는 실수의 연쇄 반응, 즉 하나의 실수가 또 다른 실수로 이어질 수 있다는 것을 보여 준다. 1988년 우리의 첫 선교선 로고스호(한때 우리 가족 모두의 집이었고, 17년 동안 로고스 선교선을 통해 이루어진 귀한 사역으로 인해 주님께 감사드린다.)가 칠레와 아르헨티나의 최남단에 위치한 비글 해협 Beagle Channel 에서 암초에 부딪혀 파선되었다. 여러 사람이 저지른 실수의 연속으로 그런 비극이 일어났다는 사실이 조사로 밝혀졌다. 그렇지만 하나님의 긍휼로 희생자는 아무도 없었고, 오히려 그분은 그 실수가 세계 각국 뉴스로 널리 알려지게 하셨는데, 특히 영국에서 가장 많이 보도되었고, 훨씬 더 좋은 로고스 II 선교선(나중에 로고스 호프가 되었다.)을 구입하는 자금을 모금하는 데 큰 도움이 되었다. 지난 60여 년 동안 우리 선교 단체 사역자들에게 일어났던 끔찍한 여러 자동차 사고 이야기까지 여기서 말하기에는 시간이 없다. 그런 자동차 사고의 원인도 짐작할 수 있겠지만, 맞다, 언제나 실수 때문에 일어난 사고였다.

역사는 또한 모든 사람은 너 나 할 것 없이 실수한다는 것을 보여 준다, 그리고 당연히 실수는 적을수록 좋다는 것이다. 우리가 하나님의 주권을 믿고 또 내가 말하는 메시올로지를 믿는다고 해서, 일을 올바른 상식과 지혜로 제대로 처리하지 않으면 안 된다. 실수는 최대한 적게 해야 한다. 인생이 얼마나 힘든지, 내가 신학교에서 공부할 때 우리 모두가 살아가면서 얼마나 많은 난관과 어려움에 직면할지 미리 경고라도 해 주었으면 얼마나 좋았을까 싶다.

우리는 야고보서 1장, 베드로전서 1장과 같은 말씀을 반복해 읽을 필요가 있다. 얼마나 많은 사람이 제때 먹을거리를 사기 위해 돈을 마련하는 것이 중요한 일이며, 그들이 얼마나 많은 노력과 노동을 해야 하는지조차 나는 잘 알지 못했다.

내 형제들아 너희가 여러 가지 시험을 당하거든 온전히 기쁘게 여기라 이는 너희 믿음의 시련이 인내를 만들어 내는 줄 너희가 앎이라 인내를 온전히 이루라 이는 너희로 온전하고 구비하여 조금도 부족함이 없게 하려 함이라 너희 중에 누구든지 지혜가 부족하거든 모든 사람에게 후히 주시고 꾸짖지 아니하시는 하나님께 구하라 그리하면 주시리라 _약 1:2–5

오엠을 포함한 우리의 사역 전반에 걸쳐, 기도, 믿음, 영적인 삶, 이런 부분에서 잘하면 모든 것이 다 잘될 것이라는 잘못된 이미지를 심어 주고 그런 면을 과도하게 강조하는 경향이 있다. 그리스도 안에서 지난 60여 년을 되돌아볼 때, 내가 알아온 수많은 사람의 경우, 괜찮지가 않았다! 믿음과 기도의 삶도 마찬가지다. 오엠에서 선교 사역을 마친 후에, 자신들의 집으로 돌아가서 구직을 못하거나 혹은 실직하는 사람이 꽤 많았다. 오엠에서 만나서 결혼했다가 헤어진 사람들도 있는데, 장차 부닥칠 문제에 대해 생각하지 못했을 것이다.

우리가 쉽게 저지르는 다양한 실수를 종합해 보면, 크고 작은 문제가 생기게 되는 하나의 공식이 나온다. 자신의 사역이나 직업 그리고 결혼에서도 성공적이지 못한 사람이 많다. 나는 늘 그런 사람들을 만나면 전폭적인 은혜를 나누려고 노력한다. "당신이 실패를 많이 했고 플랜 A를 놓쳤다면, 플랜 B는 그보다 좋을 수 있으니 주님을 찬양합니다."라고 말해 준다. 어떤 사람들은 너무나 많은 실수를 하고 워낙 실패를 많이 했기 때문에 아마 플랜 H 내지 플랜 M쯤 된다고 느낄지 모른다. 그런 알파벳에 해당하는 사람들에게도 "천국Heaven 의 계획, 주님Master 의 계획이 있다고 믿으며 주님을 찬양합시다."라고 말해 준다. 내가 이렇게 말하면 사람들이 웃을지 모르지만, 이건 그냥 웃고 끝날 일이 아니다. 그런 실수들은 피할 수도 있었을 것이다. 우리 자신과 다른 사람들을 많은 어려움에서 구할 수도 있었을 것이다. 우리는 어떤 형태로든 어떤 종류의 운명론fatalism 도 경계해야 한다. 우리는 모든 영적인 부분과 현실적인 부분에서 성경의 가르침 전부를 진지하게 받아들여야 한다. 그렇지 않다면 왜 잠언서가 있겠는가?

죄는 여러 면에서 더 심각하지만, 우리가 범하는 실수는 종종 죄와 옛 사람의 어리석음이 결합된 것이 많다. 좀 더 부드럽게 말하자면, 지혜와 분별력의 부족이다. 내가 다방면에 걸쳐서 독서하는 이유 중 하나는 다른 사람들의 실수와 실패에서 배우려는 것이며, 이를 위해 난 지금까지 수천 권의 책을 읽었다. 다음은 실수를 어떻게 피할 수 있는지에 대해 내가 배운 점이다.

1. 하나님의 말씀을 깊이 묵상하며 연구하고, 기도 생활과 하나님과 동행하는 영적인 모든 영역에서 전력을 다하라. 내가 쓴 다른 모든 책에서도 이 점을 나누었다. 관심이 있는 사람은 나에게 이메일로 연락을 주면 이 책들을 기쁜 마음으로 선물로 보내주겠다.

2. 모든 기본 생활 영역에서 훈련하는 것을 배워라. 배우는 모든 과정에서 율법주의를 주의하라.

3. 열심히 독서하고 학습하는 법을 배워라. 중요한 정보를 기억할 수 있는 시스템을 갖추어라.

4. 잘 기록하는 습관을 배워라. 만약 여행을 간다면 반드시 준비해야 할 목록을 작성하라. 요즘 새로운 휴대용 전화기들과 다른 기기들이 유용하지만, 여전히 기록하는 습관이 필요하다.

5. 누가복음 14장 마지막 부분에 나오듯이 미리 계획하고 비용을 계산하라. 이 중요한 개념에 대하여 한 장 전체를 쓸 수도 있다. 내가 본 가장 큰 실수들 중 몇 가지는 바로 이러한 문제에서 일어났다. 수많은 사람이 내게 와서 그들의 위대한 비전과 꿈을 나누었지만 그들 중 대부분은 결코 구체화하지도 못했고, 오래 지속하지도 못했다. 흔히 그들은 그 비용을 계산하지 않았거나 대가를 지불할 준비가 되어 있지 않았다.

6. 앞으로 당신이 취하려는 구체적인 방안이나 행동에 따른 장단점을 파악하기 위한 시간을 가져라.

7. 조언을 구하도록 노력하라. 삶이 각양각색으로 다양한 만큼 여기저기서 잘못된 조언을 얻을 수도 있다는 단점이 있으니

개인적인 조언을 구할 때는 항상 신중해야 한다.

8. 가능한 한 미리 계획을 철저히 세워라. 항상 날짜와 시간을 재확인하고, 혹시 잘못되거나 만일의 경우를 대비해 미리 계획하라. 당신의 머리 속에 차선책 플랜 B를 갖고 있어라. 만약 내가 기차로 여행한다면, 모임 시간에 맞추어 도착하는 기차보다 늘 미리 도착하는 것을 탄다.

9. 우리의 많은 실수는 이동하며 여행하는 중에 일어난다. 한편으로 우리는 자신과 다른 이들의 실수에서 배우며 전문적인 여행가가 되는 법을 익혀야 한다. 한번은 독일 프랑크푸르트 기차역에서 기다리는 동안 잠시 서류 가방에서 눈을 뗐는데 (1분도 채 되지 않았다!) 깜짝할 사이에 가방을 도난당했고 다시는 찾지 못했다. 다행히 그 도둑은 내 노트북 컴퓨터나 다른 귀중품들은 훔쳐가지 못했다. 귀중품은 가능한 한 몸에 잘 소지하도록 하라. 여행용 파우치나 벨트 파우치 같은 것도 괜찮다. 이 와중에 남성보다 챙겨야 할 것이 더 많은 여성 이야기를 꺼내서 유감이지만, 이 부분에 대해서는 여성에게 듣는 편이 더 나을 것 같다. 신용카드나 여권 등 중요한 서류는 사본을 잘 보관하는 것을 잊지 말라.

10. 우리는 모두 꼭 한번쯤은 소지품을 깜빡 잊고 두고 가는

일이 생기기 때문에 방지할 전략을 세워야 한다. 가령, 숙소에서 나올 때 혹시 두고 온 물건이 없는지 다시 가서 확인하라. 특히 전기 콘센트마다 확인하고 혹시 전화기나 충전기를 남겨두지는 않았는지 살펴라. 이런 일은 두 사람이 하는 것이 한 사람보다 낫다. 서로 상대방을 위해 확인해 주고 돕는 것을 배워라. 자존심을 내려놓고 연약함을 재빨리 인정하고 겸허하게 행하라.

11. 모든 주소록과 전화번호 등을 백업 backup 할 수 있는 좋은 시스템을 만들어라. 종류별로 분류하고 정리하는 시스템을 갖추어라. 내 노트북 컴퓨터 안에 만들어 놓은 여러 폴더는 이제 내 삶의 중요한 일부가 되었다. 하나님의 일을 하는 데 사용하기 좋은 얼마나 훌륭한 도구인가! 나는 또 전화번호를 따로 모아두는 작고 검은 백업용 수첩이 있다. 얼마나 유용하게 많이 사용했는지 모른다. 우리가 정말 사람들을 사랑하고 격려하기 원한다면, 그들의 기본 정보를 저장하는 수고 정도는 충분히 할 수 있다. 잘 정리하라! 정리정돈! 이 말을 늘 기억하라. 고든 맥도날드의 『내면 세계의 성장과 영적 질서』 *Ordering Your Private World*, IVP 역간, 2018 확대개정판 는 많은 사람에게 도움이 되었다. 다방면의 독서를 하면 삶의 거의 모든 영역에 관한 실제적인 각종 조언을 얻을 수 있다. 거기에서 배우지 않는다는 것 자체가 큰 실수다.

12. 내가 "성령의 주의사항"이라고 부르는 것을 배우도록 하라. 어느 훌륭한 선교사가 영국의 언덕길로 산행을 나갔는데, 그는 적절한 신발을 착용하지 않았다. 그가 위험한 절벽에 너무 가깝게 걷다가 그만 미끄러져 생명을 잃었다. 그 다음 날 나는 전화로 사랑하는 그 친구의 부고를 받았다. 그때 일을 결코 잊을 수가 없다. 또 다른 친구 선교사의 아내도 벼랑에서 미끄러져 안타깝게도 생명을 잃었다. 이와 비슷한 이야기를 내가 수백 가지를 알고 있다는 것을 여러분이 안다면, 내가 왜 이 책을, 특별히 이 장을 쓰는지 좀 더 이해할 것이다. 여기 쓴 내용에 더욱 주의를 기울인다면 분명히 생명을 살리는 일이 생길 것이라 믿으며, 나는 정말 생명을 구하는 일을 돕고 싶다.

당연히 여러분은 이 목록에 다른 것을 더해서 새롭게 여러분 자신의 목록을 만들 수도 있다. 나는 여기서 더 많은 지면을 할애할 수가 없다. 여러분은 이런 '요령 how to '의 안내가 신앙생활과 제자도에 관한 많은 영적인 메시지보다 상대적으로 중요하지 않다고 생각할지 모른다. 그러나 소위 말해 신성한 것과 실용적인 것을 그렇게 분리해 생각하는 것은 커다란 실수다. 우리는 모든 일에 성령의 능력과 인도하심을 받도록 해야 한다. 우리는 하나님의 형상으로 창조되었고, 자유 의지가 있고, 인간적인 차원에서 운명 destiny 을 결정하게 된다. 여러분은 매일 매시간 무엇을 할지 어디로 갈지 어떻게 행동할지 결정한다. 우리는 삶의 모든 영역에서 성장하고 성숙해 가야 한다. 내 나이에도 여전히 배울 만한 교훈이 있는 법이다.

위대한 성경적 삶의 실재와 가르침은 나이에 상관없이 우리 삶의 다른 단계에서 새롭게 배워야 한다. 우리는 나이가 들면 그저 잘사는 것만이 아니라 잘 죽은 법도 배우고 준비해야 한다. 우리는 차츰 나이가 들면서 배우는 것을 멈추게 되는 '시니어 증후군'을 조심해야 한다. 이게 무슨 뜻이냐고 묻는 사람이 있는데, 나는 '아, 그건 시니어의 어리석은 증후군'이라고 말한다. 문제는 지금 이러한 시니어 증후군이 우리 사회의 모든 연령대에 만연해 있다는 것이다. 야고보서 1장 22절의 말씀으로 이 장을 마무리하려고 한다.

너희는 말씀을 행하는 자가 되고 듣기만 하여 자신을 속이는 자가 되지 말라.

여러분이 지혜로운 삶을 살기 위해 야고보서의 말씀을 잘 공부해 보길 추천한다.

9장

어떤 리더십 스타일이
가장 좋은가?

●●●● 지금 나는 영국의 웨일
즈 서해안에 위치한 혹시스Hookses 라는 특별한 장소에서 9장을
쓰고 있다. 20세기 위대한 기독교계 리더들 중 한 사람인 존 스토
트John Stott 박사가 많은 책들을 집필했던 곳이다. 그는 나와 친한
친구였으며, 오늘날까지 그의 책들은 전 세계적으로 큰 영향을
미치고 있다. 여러분도 그분이 쓴 책을 많이 읽으면 좋겠다. 특별
히 미국에서, 어떤 사람들은 존 스토트라는 이름만 들어도 그가
지옥과 특히 영원한 형벌을 부인했다는 이야기를 꺼내는데, 그
것은 사실이 아니다. 이 부분에 대하여 나는 개인적으로 직접 물
어 보았다. 자유주의 신학자들이 던지는 까다로운 질문에 대답하

는 내용을 담은 책에서, 그는 일종의 영혼소멸론_{annihilation} 의 가능성을 언급했는데, 우리는 이 부분에 대해서도 개인적으로 대화를 나누었다. 하나님의 위대한 많은 사람이 지옥은 정말 어떤 곳일까에 대한 적지 않은 고민을 했다. 빌리 그레이엄은 지옥을 주로 하나님과의 분리라고 말했던 것으로 기억한다.

나는 회심 이후 줄곧, 내가 아직도 다 이해하지 못하는 이 진리에 비추어 평생을 살려고 매일 노력해 왔다. 나는 하나님의 정의the justice of God 에 대해 묵상함으로써 도움을 받아 왔다. 만민구원론universalism 은 더 많은 인기를 얻고 있지만, 존 스토트는 그 길로 빠지지 않았다. 이것은 그가 세계 선교에 그렇게 헌신했던 이유 중 하나라고 확신한다. 그의 훌륭한 선교 메시지를 들은 적이 있는데 오늘날 교회가 직면한 가장 큰 전쟁 중 하나는 복음의 배타성이라고 말하였다. 즉 예수님은 "내가 곧 길이요 진리요 생명이니 나로 말미암지 않고는 아버지께로 올 자가 없다(요 14:6)."라고 분명히 말씀하셨다.

이것이 이 장에서 내가 말하려는 주된 핵심이다. 하나님께서는 남녀를 불문하고 다양한 계층의 사람들을 사용하신다는 사실을 더 잘 이해할 수 있기를 호소한다. 내가 만난 리더들과 방문한 교회들이 얼마나 많은 지 상상해 볼 수 있는가? 또한 지금까지 알고 지낸 선교 단체와 다른 기관들의 수많은 리더까지 모두 생각해 보라. 그렇다, 수천 명의 리더를 만났다. 그리고 수천 개가 넘는 그들의 메시지를 녹음 테이프나 영상물을 통해 들었다. 게다가 성경에 등장하는 주요한 다양한 리더에 대한 내용을 찾아 읽었다.

리더십에 대한 방대한 서적이 있고, 하나님의 사람들에 대한 전기는 역사의 시작부터 오늘에 이르기까지 끝없이 많다. 그런 책을 나도 수없이 많이 읽었고 후기도 썼고, 깊이 연구하기도 했다. 리더십에 대한 책이 더 많이 쏟아져 나오고 있는 요즘, 리더들에게 메시지를 전하고 탁월한 리더십 자료를 배포하는 것이 내 사역의 중요한 부분이 되었다. 지금 최고의 책 두 권을 꼽는다면 여러 언어로도 번역된 오스왈드 샌더스의 『영적 지도력』 *Spiritual Leadership*, 요단출판사 역간, 2018 재출간 과 알렉스 스트라치의 『사랑으로 이끄는 리더십』 *Leading with Love* 이다. 리더십에 관한 나의 견해는 "은 혜로 깨달은 리더십" Grace Awakened Leadership 을 매우 강조하며, 나의 책, 『안전지대는 없다』에서 두 장에 걸쳐 그 핵심 내용을 다루고 있다.

다시 말하지만, 내가 소위 말하는 "메시올로지"를 받아들이지 않는다면 내가 여기서 나누려는 내용에 동의하기는 힘들 것이다. 나는 하나님께서 광범위하게 다양한 계층의 리더들마다 다른 방식의 리더십 스타일을 통해서 놀랍게 역사하신다고 분명히 확신한다.

어떤 책이나 학자들은 리더십에 대해 매우 높은 이상적인 견해를 갖고 있으며 어떤 이들은 너무나 독단적이라 자신들의 책에서 주장하는 것과 다른 방식들에 대하여 비난하거나 멸시한다. 이런 사람들에게 나는 경고하며, 이것을 "파괴적인 이상주의"라고 부르는데, 전폭적인 은혜라는 요소를 배제한 채 결국 사람들을 낙심시키고 혼란에 빠트리며 심지어는 완전히 무너뜨릴 수 있기 때문이다.

이밖에도 역사가 증명해 준다. 각양각색의 리더와 리더십 팀이 하나님의 사람들을 축복하고 제자로 훈련하며 가르치고, 전 세계의 수천 수백만의 사람을 주 예수 앞으로 인도하는 데 강력하게 쓰임을 받아 왔다. 우리는 채위현 蔡偉賢, Chua Wee Hian 의 책, 『오늘을 위한 성경적 리더십』 *Learning to Lead*, IVP 역간, 1990 을 많이 배포해 왔다. 그가 IFES 국제복음주의학생협의회 선교 단체를 이끄는 국제 대표로 부임한 후에, 영국 런던에 교회를 개척하고 주된 사역으로 교회를 어떻게 이끌어 가는지 수십 년 동안 지켜보았다. 여기에 더해 데이빗 룬디 David Lundy 의 『배움이 느린 사람을 위한 섬기는 리더십』 *Servant Leadership for Slow Learners*, Paternoster, 2002 을 읽는다면 독특한 조합이 될 것이다. 나는, 실제로 가장 많은 것을 성취한 리더들이 이런 방식을 따르지 않았다는 점을 파악했다. 대개 그들은 좀 더 독단적인 편이고, 일부 리더들은 독재적이거나 심지어 리더십을 남용한다고 비난을 받는다. 지위를 남용하는 리더십에 대한 책들은 최대한 찾는대로 많이 읽어 왔는데, 자신들이 온 마음과 뜻과 영혼과 힘을 다해 예수님을 사랑하고 섬기려는 열정과 감성으로 사람들을 설득하려고 노력하는 역동적인 리더들을 거의 남용적이라고 여기는 것 같았다. 이런 리더들 아래에서 따르는 자들 중에는 강한 메시지를 수용하는 것을 원치 않으며, 어떤 경우에는 그런 메시지를 전하는 리더의 약점을 찾으려고 한다. 솔직히 말해서, 어떤 성경 구절들을 소리 내어 크게 읽어 보면 강압적으로 들리는 듯하다. 이 구절을 크게 읽어 보기를 바란다.

> 내가 네 행위를 아노니 네가 차지도 아니하고 뜨겁지도 아니하도다 네가 차든지 뜨겁든지 하기를 원하노라 네가 이같이 미지근하여 뜨겁지도 아니하고 차지도 아니하니 내 입에서 너를 토하여 버리리라 _계 3:15-16

그리고 다음 구절도 크게 읽어 보라.

> 이와 같이 너희 중의 누구든지 자기의 모든 소유를 버리지 아니하면 능히 내 제자가 되지 못하리라 _눅 14:33

"강압적"abusive이라는 강한 단어를 사용할 때 우리는 정말 많은 지혜가 필요하다. 오래 전 팀원 중 한 자매가 너무 성급하게 결혼하려는 것 같아 나는 좀 천천히 진행하라고 말했다. 그랬더

니 그녀는 나에게 대들면서 유별나게 통제한다며 나를 비난했다. 서로 마음 상한 대화를 나누었지만, 나는 그녀를 지지해 주었고 결혼식과 피로연에도 참석했는데, 한두 해 후에 결국 파경에 이르는 것을 보았다.

60년 넘게 다양한 리더십을 경험해 오면서 말할 수 있는 확실한 한 가지는, 리더십은 최상의 상황에서도 매우 어렵다는 것이다. 우리는 모두 리더로서 불완전하고 때로는 명백한 죄에 빠질 수 있는 연약함도 있다. 우리가 이끌고 도우려는 사람들도 모두 때로는 죄를 범하게 되는 연약함이 있으니 그럼, 결과는 어떻게 될까? 종종 진짜 엉망이 되는 것이다! 마음에 상처를 입고, 상한 심령이 되고 절망한다. 그래서 오늘날 우리 리더십 밑에 오는 많은 사람은 이미 많은 상처를 받았고, 때때로 심지어 성적 학대를 경험한 사람들이 있기 때문에 종종 그들을 이끌고 돕는 일이 매우 어렵다. 리더들은 대부분 예수님과 그분의 사람들을 사랑하고 섬기려 노력하기 때문에 항상 바쁘고 무리하게 사역한다. 그에 더해 많은 불신자 친구를 만나 복음을 전하기 위해 노력하는 것이 거의 불가능한 일처럼 보인다. 일을 하다 보면, 잘못될 수도 있고, 사람들은 상처를 받을 수도 있다. 그렇기 때문에, 고린도전서 13장 말씀이 우리 마음에서 흘러나와 실제 삶에서 뜨겁게 타오르지 않고, 그 사랑이 겸손과 더불어 깨어짐 brokenness 없이 앞으로 나아가는 것은 거의 불가능하다고 본다. 수백 명의 리더가 서로 무너져 내리는 것을 직접 목격했고 그들에 대해 읽어 보았다. 이인자가 일인자를 타도하기 위해 소위 말해 쿠데타를 일으키는 것을 보았다. 아내, 즉 여성이 리더인 경우, 남편까지 가세하면 사태는 더욱 더 꼴불견이 된다. 주관이 강한 리더들은 함께 일하기 위해서는 높은 수준의 영적인 삶의 실재가 요구된다. 어떤 리더십 책들은 십자가와 십자가에 못 박히는 삶에 대한 메시지를 빠뜨린다.

> 내가 그리스도와 함께 십자가에 못 박혔나니 그런즉 이제는 내가 사는 것이 아니요 오직 내 안에 그리스도께서 사시는 것이라 이제 내가 육체 가운데 사는 것은 나를 사랑하사 나를 위하여 자기 자신을 버리신 하나님의 아들을 믿는 믿음 안에서 사는 것이라 _갈 2:20

누군가를 통해 교회 성장이 가장 빠르게 일어나는 이유는 교회 분열 때문이라고 들었다. 어떤 이들은 '진영에 죄가 있을 때 하나님께서는 일하실 수 없다.'라는 생각은 좋은 것 같고, 그것을 뒷받침하는 구약의 이야기가 있다고 생각할 수 있다. '큰 문제는 단 하나뿐!'이라고 여길지 몰라도 그것은 사실이 아니다. 지난 2000년 교회 역사를 살펴보면 하나님께서는 죄악된 엉망진창인 상황에서도 수많은 사람을 구원하시고 위대한 역사를 이루신 것을 볼 수 있다.

하나님께서 사람을 통해 일하시는 방식에 대해 우리의 태도가 지나치게 편협되지 않았는지 주의하자. 우리 자신이 다른 사람들을 어떻게 인도할 지에 대하여 리더로서 나름대로 확신이 있어도, 리더십 스타일이 다른 사람들을 성급하게 비판하지 않도록 유의해야 한다. 각 교회마다 서로 다른 여러 리더십 스타일이 존재한다. 내가 개인적으로 어떤 스타일이 다른 것보다 더 낫다고 확신을 가질 수는 있지만, 그것을 얼마나 정확하게 평가하기란 내가 한때 인식했던 것보다 훨씬 복잡하고 어렵다. 아무런 문제가 없고 잘못이 없고, 죄악된 행위도 없는 교회나 선교 단체, 기독교 기관은 이 세상 어느 곳에도 거의 존재하지 않는다. 어떤 경우에 나는 뒤로 물러나 떨어져 있기를 단단히 마음 먹는다.

그러나 나는 살아 계신 하나님께 거기서 물러나 계시라고 말할 수는 없다. 그분은 정말 엉망진창인 상황을 포함하여, 모든 상황 가운데 다양한 리더를 사용하심으로써 우리를 깜짝 놀라게 하신다. 바로 이것이 넓은 관점에서 말하는 메시올로지다.

이 책을 읽는 독자들 중에 수긍하지 못하는 분들도 계시겠지만, 내가 지금까지 목격하고 읽어 온 수천 가지가 넘는 사건을 여러분 곁에 앉아서 나눈다면, 아마 나 자신보다 더 수긍하고 확신할지 모르겠다. 여러분 중에 나이가 어린 사람들에게는 혹시 어렵거나 심지어 혼란스러울 수 있다. 그렇더라도 이런 귀중한 교훈을 배우기 위해 나중에 나이가 들 때까지 기다리지 말라. 지금 성경부터 시작해서 리더십에 관한 좋은 책들을 읽기 바란다.

10장

찬양, 걷기
그리고 경이로움

● ● ●　　　　　　　　　　　　　　요즘 나는 존 스토트
가 생전에 많이 걷고 기도하며 새들도 관찰하며 다녔을 훅시
스Hookses 근처를 거닐면서 기도하고 찬양하는 시간을 보내고 있
다. 그가 소중한 시간을 보내며 사용했던 오두막집과 사무실도
둘러보았다. 두 권짜리 그의 자서전을 비롯해 많은 책이 서재에
꽂혀 있었다. 이 장소를 소유한 랭햄 파트너십 Langham Partnership 이
라는 단체의 리더, 크리스 라이트Chris Wright 가 편집한 책을 발견
했는데, 내가 이전에 읽어 보지 못한 책이었다. 제목은 『존 스토
트, 우리의 친구』A Portrait by His Friends, IVP 역간, 2011 였는데, 그냥 그곳
에 앉아서 쭉 읽어 보고 싶었다.

나는 근처에 있는 펨브룩셔 Pembrokeshire 해안 지역을 특히 웨일즈 출신의 나의 특별한 친구, 웨인 토마스 Wayne Thomas 와 함께 여러 번 걷곤 했다.

그는 펨브룩셔에서 멀지 않은 곳에 위치한 더헤이븐 The Haven 수양관을 설립했던 덕 버튼 Doug Burton 의 소개로 처음 만났다. 예전에 웨인은 하나님을 멀리 떠나 자주 술에 취해 살면서 방탕하고 사치스럽게 살았다. 그가 더헤이븐에 케이크를 배달하러 왔다가 미국에서 방문한 전前 스턴트맨 척 콕스 Chuck Cox 를 만나 강력한 복음을 듣고서 회심하게 되었다. 덕은 웨인을 카마던 Carmarthen 에서 내가 메시지를 전하고 있던 집회 장소로 데려왔다. 그곳에서 집회를 마친 후 웨인은 톤턴 Taunton 외곽에 위치한 퀀톡스 Quantocks 의 농장까지 먼 거리를 장시간 동안 나를 위해 운전해 주었다. 그 농장은 나중에 서로 절친한 친구가 된 데이브와 메리 호돈이 관리하는 곳으로, 아내와 함께 거의 매년 휴가와 재충전을 위해 가는 장소가 되었다. 우리 부부는 가끔, 그곳 가까이 있는 해변 길을 함께 걷곤 했다.

나중에 웨인은 오엠에 들어와 나와 함께 일하게 되었고, 프랑스에서 멋진 오엠 사역자 힐러리를 만나 결혼했다. 나중에 그 부부는 웨스트 서섹스 West Sussex 에 있는 웨스트 워치 West Watch 의 오엠 수양관/컨퍼런스 센터의 리더와 관리자가 되었다. 현재 그들은 지금은 장성한 두 딸과 함께 미국 조지아 주 타이론 Tyrone 에 위치한 미국오엠 본부에서 사역하고 있다.

지난 수년 동안 걷기와 더불어 조깅은 내 삶의 중요한 일부가 되었다. 종종 찬양과 기도, 묵상을 조깅하면서 같이 한다. 사람들로 가득 찬 건물 안보다는 하나님께서 창조하신 자연 속에서 기도하고 찬양하는 것이 더 좋을 것 같다. 물론 둘 다 중요하지만 말이다. 리더십의 중압감으로부터 겪는 스트레스와 모든 도전을 대처하는 주된 방식으로 자주 하나님과 홀로 시간을 가졌다. 특별히 물과 협곡, 계곡, 바위로 된 해안 같은 곳의 매력에 푹 빠져들기도 한다.

스위스의 알프스 산맥(특히 산으로 올라가는 기차 안에서 쓸 편지를 녹음하기도 했다.)만큼이나 내가 특별히 좋아하는 곳은 유타주 남부와 아리조나주 북부에 있는 국립공원과 주립공원인데, 브라이스Bryce, 아취스Arches, 자이온Zion, 그랜드 캐니언Grand Canyon 등이다. 하나님의 긍휼과 사랑을 힘입어 내 자녀들과 손주들 그리고 다른 사람들과 함께 이런 아름다운 장소를 여러 번 방문할 수 있었다.

사실 나는 지금 저 멀리 아름다운 밀퍼드 헤브만灣이 내려다보이는 창가에 앉아 있다. 저 해안의 부둣가에 수십 년 전에 로고스 선교선이 방문했던 걸로 기억한다. 일레인 로튼의 책,『둘로스 스토리』The Doulos Story, BookRix, 2014 와 『로고스 스토리』The Logos Story, 좋은씨앗 역간, 2014, 로드니 휘 Rodney Hui 와 조지 심슨George Simpson 의

『로고스 호프』*Logos Hope*, BookRix, 2014 를 독자 여러분이 읽어 보기를 바라며 기도한다. 주님께서 선교선 사역을 어떻게 사용하셨는지 읽으면 놀랄 것이다. 언젠가 당신이 오엠 선교선에 승선하여 섬기게 될는지 그 누가 알겠는가?

다시 존 스토트 이야기로 돌아가서, 나는 그와 함께 런던에서 로고스 II 선교선에서 함께 사역했다. 우리는 서로 다른 점이 많았다. 그는 1960년대에 미국에서 열렸던 어바나 Urbana 선교 대회에서 (주로 나의 간증을 나눈) 나의 메시지를 처음 듣고서 성경과 관련된 내용이 부족하다며 탐탁지 않게 여겼고, 그에 대해 나에게 직언해 줄 때, 나는 감동의 눈물을 흘렸다.

그때를 시작으로 우리는 평생에 걸친 우정이 시작될 줄은 꿈에도 생각하지 못했다. 서로 더 많이 이야기하고 함께 사역할수록 우리는 서로 공통점이 많다는 것을 깨달았고 그는 오엠의 중요한 후원자가 되었다. 그가 오랫동안 목회하고 섬겼던 올 소울즈 교회 All Souls Church 에서 최근 나는 설교할 수 있는 큰 기쁨을 누렸다!

이 모든 내용을 쓴 이유는 사람들에게 삶에서 균형을 찾으라고 격려해 주길 원하기 때문이다. 내가 쓴 다른 책에서도 비슷한 내용이 있지만, 그 중요성은 아무리 강조해도 지나치지 않다. 특히 힘이 고갈되고 진이 빠지는 사역과 일, 그리고 정말 힘이 나고 열정을 솟구치게 하는 사역과 활동 사이에서 적절한 균형을 찾는 것은 정말 중요하다.

성경 공부에서도 어느 한 강력한 말씀은 다른 성경 구절들과 함께 그 진정한 관점을 파악하는 것이 매우 중요하다. 성경 말씀의 맥락에서 벗어나서 특히 구약 말씀을 잘못 인용하며 사람들을 곤경에 빠지게 하는 것은 옳지 않다. 구약 말씀을 잘못 사용하는 것을 볼 때마다 깜짝 놀란다. 우리는 자연스럽게 우리가 좋아하는 말씀을 취하고 좋아하지 않거나 이해 못하는 말씀은 등한시한다. 많은 친구와 신자가 서로 다른 극단주의적 입장으로 치우치는 것을 보면 마음이 아프다. 사람들은 종종 전체적인 그림이나 양쪽 이야기를 모두 듣지 않은 채 극단적으로 한쪽으로 치우친 이메일을 읽고는 극단적인 견해에 많이 사로잡히곤 한다.

그런 사람들을 만나 보면 그들은 종종 매우 부정적이고, 쓴 뿌리가 있고 분노에 차 있다. 어떤 주제 한 면에 대해서만 책을 가려 읽는 편독偏讀은 아예 안 읽는 것보다 더 나쁘게 보인다. 약간의 교육과 연륜이 있는 사람이라면 자신이 읽는 모든 것을 다 믿으면 안 된다는 것을 안다. 기독 서적이나 잡지, 논문에도 과장이 있고 때로는 오류도 있다. 심지어 어떤 대표적인 신문들조차 대부분 편향된 관점을 가지고 있다.

전 세계에 그들만의 '것'만 전파하는 수없이 많은 이단과 극단주의 집단들이 있다. 사과문을 낼 때에도, 인쇄물에 사과문 내용이 너무 작게 보여서 사람들이 대부분 못 보고 지나치는 경우가

비일비재하다. 인기 있던 인터넷 글이나 블로그 글이 순전히 거 짓으로 판명될 때도 있다. 고대의 오래된 것부터 아주 최근 것까 지 각종 음모론이 다양하게 나돈다. 건강 분야, 종교계, 정치 세 계에는 끝없는 편견, 절반의 진실, 과장된 보도, 말도 안 되는 이 야기가 무성하다. 사람들이 어느 특정 정당에 갇히게 되면 (그 정 당이 꼭 잘못되었다는 것이 아니라) 때로는 다른 정당이 하는 말이나 정치적 행보를 긍정적인 측면으로 보는 것이 불가능해진다. 내가 들었던 많은 설교를 포함해서, 사람들이 하는 말에 상식이나 균 형이 부족한 경우가 매우 많았다.

사람들은 흔히 자신이 가진 기질이나 받은 상처가 그들이 믿고 말하는 데에 얼마나 많은 영향을 미치고 있는지 모른다. 물론 흑 백 논리에 빠진 사람들은 회색 지대가 많이 존재하는 이 세상에 서 매우 취약하다. 예수님과 그분의 말씀에 헌신한 신자들인 우 리에게 흑백을 분명히 해야 하는 기본 사안들이 있다. 또한 흑백 논리로 생각해야 할 영역도 있다. 예를 들면 "살인하지 말라(출 20:13)."이다. 그러나 거기에서도, 특히 전쟁이나 무기 사용에 대 한 견해에서 모든 그리스도인이 일치하는 것은 아니다.

어떤 사항에 대한 자신들의 확고한 의견을 주장하는 사람들에 게 나는 그 문제의 복잡성을 지적했다가 그들의 심기를 불편하게 만든 적이 있다. 내가 70여 년 동안 수많은 책을 읽고 연구하고, 거의 100여 개국의 수천 개 교회에서 사역했다는 사실은 그다지

의미 없어 보인다. 정말 무서운 사실은 사람들이 계속 극단주의 길로 계속 갈 때 신경질적이 되는데 (아직 그렇게 되지 않았더라도) 그렇게 되는 모든 과정이 너무나 안타깝다.

교회 안에서 우리가 완전 새로운 종류의 바리새인들을 양산해 내고 분열과 혼란을 가져와 결국 낙담과 신앙의 상실을 초래하지는 않을까 두렵다. 심지어 가정 안에서도 이런 일이 일어난다. 우리가 강한 확신을 가지면서도 겸손하게 우리가 틀릴 수도 있다는 점을 깨달을 수 없을까? 어떤 이슈에 대해 좀 더 다양한 관점으로 듣고 볼 수는 없을까? (즉각 문자 메시지를 주고 받는 요즘 세상에서는 그렇게 하는 것이 어려울 것 같기도 하다.) 세상의 거의 모든 주제에 대해 글을 쓰고 나누는 학자들, 특별히 경건한 남녀들에게서 우리가 배우면 안 될까? 종종 편견과 혐오 언어가 섞인 표현으로 무슬림에 대해 (그리고 다른 많은 인종에 대해) 일반화시키는 것을 우리 모두는 경계해야 한다. 어떤 책들은 여기에 논쟁의 불길을 더 키우며, 요즘에는 너도나도 이슬람에 대해 많이 안다고 주장한다. 나의 생각이 틀릴 수 있지만, 내 눈에는 그들의 자긍심, 조급함, 교만이 많이 보이고, 예수님 앞에 겸손과 깨어짐 brokenness 은 아주 적어 보인다.

전혀 다른 견해를 가진 사람들에게 복음을 전하려고 할 때 거대한 걸림돌이 존재한다. 우리와 동의하지 않는 사람들을 만나 정치적이거나 교리적인 쟁점들을 이야기할 경우, 우리는 그들이 예수님께 돌아오는 것보다 그들의 견해를 바꾸는 데에 더 신경을 쓰지는 않는가? 혹 그들이 신자들이면 우리가 사랑과 교제를 더 깊이 나누고 그들의 이야기를 듣는 데 관심을 가지는가? 어떤 사람들에게 친구가 거의 없는 이유 중 하나는 그들이 실제로 다른 사람들을 사랑하거나 그들에게 귀 기울이지 않기 때문이다. 그들은 자기만의 작은 세계에 갇혀서, 의견이 맞지 않는 다른 사람들을 업신여긴다.

나는 50년 전에 『사랑의 혁명』을 비롯한 다른 책들을 썼으며, 우리가 60여 년이 지난 지금도 로이 헷슨의 『갈보리 언덕』을 여전히 강조하는 그 이유를 알 수 있을 것이다. 같은 이유로 찰스 스윈돌의 『은혜의 각성』은 우리 선교 단체의 많은 사람의 삶에 가장 중요한 도서 중 하나가 되었다. 오늘날 너무나 많이 놓치는 말은, 방향을 돌이키는 유턴 U-turns 과 변화가 수반된 "회개"라는 단어라고 나는 믿는다.

나는 "변혁" transformation DVD가 믿음을 굳게 할 수 있지만 또한 사람들에게 완전히 비성경적이고 비현실적인 기대를 갖게 한다고 믿는다. 이것은 전혀 새로운 생각이 아니다. 통치 신학 dominion theology 은 극단주의에 이를 수 있고 나는 그 신빙성을 잃었다고 믿는다. 나라 전체는 물론 도시 전체를 절대로 완전히 변혁시킬 수 없다는 것을 역사가 보여 준다. 작은 마을이나 동네는 좀 더 쉬운 목표가 될 수 있지만, 거기에도 악한 영이 존재하며 종종 외적인 변화를 시도할 때, 사람들을 획일적이고 이름뿐인 위선적인 신자들이 되도록 밀어붙일 수 있다.

교회 역사는 지난 60년 동안 내가 많은 관심을 가졌던 주제이며, 내가 지금 하려는 말을 뒷받침해 준다. 빛과 소금의 최대화Maximum Salt and Light 의 효과는 좀 다른 이야기로, 우리의 변혁 신학transformation theology 에 가져온다면 정말 도움이 된다. 은사주의자들과 복음주의자들이 과장하는 경향은 전염성이 있으며, 그것은 하나님의 일에 피해를 입힌다. 물론 나의 메시올로지 신학은 내가 그런 상황에 있더라도 긍정적인 태도를 유지하도록 도와 준다. 유럽이 소위 말해 기독교적이었기 때문에 위대한 강대국이 되었다는 생각이나 이론에는 맹점이 많지만, 필연 그 진실에는 몇 가지 중요한 요인이 존재한다. 어떤 책에서 주장하는 것 보다 훨씬 더 복잡하다! 우리가 변혁을 원한다면, 우리가 가장 주의를 기울어야 할 부분은 우리 자신의 삶이고, 그 다음이 우리 주변의 모든 것이고, 그 다음이 교회다. 그 후에 하나님께서는 여러 다른 방법으로 일하실 것이며 악한 영은 두 배로 활동할 것이다.

변혁에 대한 꿈을 심어 주는 놀라운 부흥의 역사에 대한 글을 읽어 보았다. 그러한 부흥은 당연히 사회에 영향을 끼쳤지만, 종종 과장되었고 전체적인 그림을 보여 주지 못했다. 우리는 복잡함 가운데 단순함을 갈망하다가 그저 더욱 혼란에 이르고 만다. 우리 주변과 교회와 기독 단체의 문제투성이로 엉망인 듯한 상황에서, 우리는 어떻게 믿음의 진전을 이루며 힘을 내고 긍정적인 자세를 견지할 수 있을까? 물론 수많은 책과 설교가 여기에 대한 답을 주지만, 하나님의 백성들 가운데 그분이 일하시는 방법에 대한 다른 관점을 제시하는 메시올로지를 포함해야 한다.

크리스천 리더로서 내가 하나님에 대해서, 하나님의 백성들 가운데 일하시는 방법에 대해서 과거에 잘못된 관점을 가졌었다고 인정하는 것은 어려운 일이었다. 당신은 어떤가?

11장

다치지 않으려면
럭비하지 마라

● ● ● ●　　　　　　　　　　　웨일즈 지역에서 목회
하는 폴 단도Paul Dando 목사와 오찬을 나눈 적이 있다. 그는 나버
스Narberth 에서 활기가 넘치는 교회의 담임목회를 하고 있는데,
그 교회에서 내가 여러 번 메시지를 전했다. 한번은 그 교회 집회
에 필요한 도서 판매 테이블 도우미로 나의 손주 찰리도 함께 갔
다. 찰리는 이런 일을 돕는 것을 처음 해 보았는데 교회 성도들이
책을 구입하고서 보관하기 힘들 정도로 돈을 후하게 기부해 주는
것을 보고 깜짝 놀랐다.

　　리틀 헤이븐Little Haven 에 있는 작은 식당에서 함께 식사를 하면

서 폴 목사는 다음 이야기를 들려 주었다.

목회자 리더들을 위한 집회가 열렸는데 교회의 어려움과 성도들과의 갈등 때문에 심적으로 많은 상처를 받고 있는 목회자들도 있었다고 말했다. 그들 중에 한 사람이 기도를 인도했고 특별히 상처 입은 목회자들을 위해 간절히 기도했다고 한다. 그 집회 강사는 남아프리카공화국 출신으로 연세가 지긋하신 목회자였는데, 그분이 메시지를 전하기 시작하면서 이렇게 말문을 열었는데, "다치지 않으려면 럭비공을 차지 마십시오."라고 말했다고 한다.

정말 맞는 말이다! 미국인들은 아마도 "다치지 않으려면 미식축구 하지 마십시오."라고 말할 것이다.

전 세계를 다니며 사람들에게, 특별히 리더들에게 만약 여러분이 상처 받고 싶지 않다면 행성을 잘못 찾아오셨다고 말하곤 했다. 우리가 사는 지구라는 행성은 타락하고 반항적인 세상이다. 이곳에서 포기하지 않고 계속 살아가는 법을 배워야 한다. 가장 건강하고 좋은 교회일지라도, 사람들은 모두 인간일 뿐이며, 실수하기 마련이다. 사람들은 죄를 짓고 무너지고 도움이 필요한 존재다. "대적 마귀가 우는 사자 같이 두루 다니며 삼킬 자를 찾는다(벧전 5:8)."라는 말씀을 명심하더라도 그렇게 만만하지 않은 곳이 이 세상이다.

온갖 상처와 어려움을 겪으면서 용서를 실천하고 믿음으로 나아가는 많은 사람을 보면서 큰 감동을 받고 도움을 받았다. 동시에 리더십 위치에 있는 우리가 내주하시는 성령의 실재를 살아낸다면, 우리는 사람들에게 더 적게 개인적인 상처를 줄 것이다. 나는 종종 혹시 내가 한 말이나 행동이 누군가에게 상처를 준 것이 없는지 살펴본다. 혹시 그런 일이 생기면 나는 항상 사과하고 용서를 구할 수 있는 방법을 찾았다. 우리 자신이 얼마나 자주 진심으로 "미안합니다. 저를 용서해 주십시오."라고 말하는지 스스로 질문해 볼 필요가 있다. 이것이 기본적으로 우리가 가져야 할 마음 자세와 언행이 아닐까?

우리가 사는 지구상의 삶에서 오해받는 일은 기본이다(나는 사실 다른 행성에 대해서는 말할 수가 없다.). 나는 크고 작은 오해가 생기는 일을 수만 가지 보았다. 파괴적인 소문은 분명한 죄나 악함보다는 일종의 오해나 의사 소통의 부족에서 오는 경우가 흔하다. 지금까지 결혼 생활을 해 오면서 줄곧 아내와 나는 이 부분에서 힘들었다. 대개 매우 작은 이슈지만, 사탄은 그것을 이용해 혼란과 상처, 고통을 안겨 주려 한다. 우리는 이런 상황에서 잘 대처하는 법을 배워야 하는데, 상대방이 말하는 것을 잘 경청하고, 말하는 사람이나 말을 듣고 있는 사람의 입장을 이해하려고 더 많은 노력을 해야 한다.

유죄로 입증되게 전까지는 무죄라는 무죄 추정의 원칙인 일반적인 원칙을 받아들이는 용기는 매우 중요하다. 이러한 원리를 전혀 무시하고 자기 자신의 힘으로 그냥 밀어붙이는 사람들을 볼 때 내 마음이 너무나 아프다.

여기서 간곡히 부탁하고 싶은 것은, 여러분이 기도회나 기도 합주회(혹은 뭐라고 부르든지 간에)를 할 때 기도를 여러분의 삶과 사역의 중심으로 삼기를 바란다. 내가 새 신자일 때부터 가장 먼저 배운 중요한 것 중 하나는 기도하는 법과 기도 모임을 가장 중요한 우선순위로 삼은 것인데, 그것을 하나님의 은혜로 지금까지 유지해 왔다.

기도에 관한 책은 수백 권도 넘는데, 다른 사람들이 말하는 것을 반복하고 싶지는 않지만, 우리가 기도하지 않을 때 수많은 좌절과 고민, 상처를 자초하는 것임을 독자들에게 상기시켜 주고 싶다. 나의 책 『약한 나를 강하게』에서 기도에 대하여 두 장을 다루었으니 읽고 여러분의 삶에 실제로 적용한다면 나에게 정말 큰 격려가 될 것이다.

하나님과 동행하는 삶에서 가장 중요한 측면 중에 하나는, 어떤 사람이나 사건과 관련된 상처를 계속 붙잡고 있지 말아야 한다는 것이다. 나는 수백 번쯤은 사람들로부터 상처받고 실망했지만, 하나님의 은혜로 그들에게 악한 감정을 품은 채 잠이 든 적은 없다. 그것은 내게 선택 사항이 아니다. 우리는 반드시 용서해야 하고 아예 잊어버리고자 애써야 한다. 원수를 사랑하라는 성경 말씀에 비춰볼 때, 누군가에게 앙심을 품는 것은 더욱 나쁘고 어리석은 일이다. 상대방에게 똑같이 복수하려고 어떤 형태로든 앙갚음하는 것은 살아 계신 사랑의 주님의 제자에게는 있을 수 없는 일이다.

이것은 그런 사람들과 전혀 문제없이 훌륭한 교제를 서로 나누거나 함께 일할 수 있다는 뜻은 아니다. 더우기 항상 가능한 일도 아니며 그렇게 하기 위해서는 아주 복잡한 과정이 필요하다. 우리가 신앙적으로 더욱 성숙해지면서, 나로서는 어려웠지만, 우리는 해결되지 않은 복잡한 인간관계 속에서 계속 전진하는 법을 배웠다. "두 사람이 뜻이 같지 않은데 어찌 동행하겠으며(암 3:3)"라는 말씀이 있지만, 그것은 기본적인 사랑, 존중, 용서와는 다른 차원이다. 우리는 항상 하나의 몸으로 존재한다는 것을 기억해야 한다. 그렇다! 우리는 모두 그리스도의 몸을 이루는 지체다.

그리스도를 위해 목숨을 잃는 순교를 포함하여 상상할 수 있는 온갖 종류의 문제와 시련도 없이 어떻게 우리가 세계를 복음화하고 모든 민족에게 가서 교회를 세울 수 있다고 생각하는가? 우리 선교 단체의 사역자들 가운데 순교자들은 우리 대부분에게 큰 영향을 주었고 오직 그분의 영광을 구하도록 우리의 우선순위를 정하는 데 도움이 되었다. 레바논에서 아내가 순교한 후에 쓴, 게리 위더랄Gary Witherall 의 책『완전한 내려놓음』Total Abandon, Tyndale House, 2005 을 적극 추천한다. 이와 함께 R. T. 켄달의『완전한 용서』Total Forgiveness, 죠이선교회출판부 역간, 2007 도 읽어 보라. 분명한 것은,

하나님의 위대한 세계 선교의 군대에서 복무하는 일은 럭비 경기보다 더 험난할 것이다. 디모데후서 2장 3절 말씀을 기억하자.

너는 그리스도 예수의 좋은 병사로 나와 함께 고난을 받으라.

아울러, 이 성경 구절을 묵상하면서 디모데후서 2장 전체를 읽어보기 바란다.

12장

불평가, 비판가, 방해자, 비관자

● ● ● ○   우아, 이 장 제목이 혹
시 당신에게 해당되는가? 그렇지 않기를 바란다. 그것은 정말 멸
망의 길이고 너무 많은 사람이 그 길로 가고 있다. 내가 초신자였
을 때, 또 나중에는 남편과 아버지, 크리스천 리더가 되고 나서도
그런 면이 없지 않았다. 전반적으로 나는 여러 면에서 상당히 낙
관적인 편이지만, 또한 매우 부정적인 일면도 있다. 특히 오늘날
교회 실태와 형식적인 그리스도인들에 대한 나의 부정적인 발언
의 일부를 하나님께서 사용하시는 것처럼 보일 때, 그것은 더욱
복잡해진다. 내가 특별히 경험했던 일이 기억난다. 우리는 종종
극단적이고 전폭적인 제자도를 수행함에 있어서, 상처를 입히고

혼란을 주고 막다른 골목과 같다는 사실을 직면하게 되는데, 이런 실패라는 값비싼 대가를 치르고 나서야 깨닫게 되는 것이 있다. 그런데도 하나님께서는 우리의 극단주의와 연약함, 실패 속에서도 위대한 일들을 행하셨다. 1950년대 말과 1960년대에 우리 선교 단체는 전폭적인 제자도의 길을 내달리고 있었는데, 데이비드 플랫이 『래디컬』 *Radical*, 두란노 역간, 2011 에서 저술한 내용을 우리는 이미 실천하고 있었다.

약 40년 전 파키스탄에서 사역을 시작한 지 얼마 안 되었을 때의 일로 지금도 기억이 또렷하다. 대도시 어느 성당에서 중요한 집회를 할 수 있는 기회가 생겼다. 파키스탄 교회의 주교를 비롯해 중요한 교회 리더들이 참석했다. 나는 주 강사였는데, 한 오엠 리더가 내가 전하는 말에 좀 더 주의를 기울여 달라고 부탁했다. 그는 내가 메시지를 전할 때 종종 공격적이거나 쓸데없는 말을 한다는 것을 알았던 것이다! 나는 최선을 다하겠다고 대답했다.
그러고는 다른 사람이 와서 정장 차림으로 강단에 서도록 요청했다. 당시 파키스탄 교회에서는 정장 복장이 중요했고 지금도 그렇다. 나는 정장 차림의 단정한 복장을 하는 것이 좀 생소했지만, 다음날 드디어 넥타이를 매고서 단정한 양복 차림으로 갔다. 나는 내가 마치 장례식 복장을 하고 있는 것이 아닌가 생각했다. 이 일을 계기로 나는 내 삶에서, 비록 어둡고 어려운 상황에서도 너무 부정적으로 생각하지 말아야겠다고 결심했다.

하나님께서는 위기의 상황을 통해 내 삶에 변화를 주기 원하셨
는지, 내가 메시지를 전하는 중에 비둘기 한 마리가 날아와 내가
입고 있던 양복 소매에 오물을 쏟고 말았다. 주교를 비롯해 내가
전하는 메시지를 처음 듣고 있던 많은 사람 앞에서 얼마나 당혹
스러웠는지 모른다! 그러나 하나님께서는 새 일을 행하고 계셨고
나는 그냥 "다행히 여기에 코끼리가 날아다니지 않아 주님을 찬
양합니다."라고 말했다. 물론 온통 웃음바다가 되었다.

그렇다. 당신이 나쁜 상황에 처할 수 있지만, 주님께 감사와 찬
양을 드려라! 그보다 더 나쁜 상황이 될 수도 있었을 것이다. 누
군가 당신에게 상처가 되는 막말을 할 때 말로써 주님을 찬양해
야 한다는 의미가 아니다. 그런 순간 여러분은 이 말씀을 기억해
야 한다.

즐거워하는 자들과 함께 즐거워하고 우는 자들과 함께 울라 _롬 12:15

또한 하나님께서는 우리의 암울한 상황에서도 무엇인가 아름
다운 결과를 가져오실 수 있다는 것을 알기에 마음으로 즐거워할
수 있다.
오엠의 훌륭한 사역자였던 한나 마일리 Hanna Miley 가 홀로코스
트 Holocaust 가 일어나기 전에 유대인 어린이들을 독일에서 영국
으로 실어 나르던, 그 유명한 기차에 탔던 자신의 어린 시절에 대

해 쓴 책을 읽고 있다. 책 제목은『재 되신 화관을』*A Garland for Ashes,* Outskirts, 2013 이며, 그 처참한 전쟁 기간 동안 독일의 강제수용소에서 그녀의 부모님을 비롯한 수많은 사람의 생명을 앗아간 자들과의 화해를 다룬 이야기다. 하나님께서 우리의 삶을 변화시키시는 데 사용하시는 비슷한 내용의 수많은 책이 있다.

왜 성경을 굳게 믿는다는 수많은 사람이 (나도 그중의 하나다.) 그렇게 빨리, 종종 사실 관계를 알기도 전에 비판하는 것일까? 왜 그렇게 많은 그리스도인이 그렇게 많은 것에 대해서, 특히 그들의 정부에 대해서 불평할까? 빌립보서 4장 4-7절은 어떻게 말씀하는가?

> 주 안에서 항상 기뻐하라 내가 다시 말하노니 기뻐하라 너희 관용을 모든 사람에게 알게 하라 주께서 가까우시니라 아무 것도 염려하지 말고 다만 모든 일에 기도와 간구로, 너희 구할 것을 감사함으로 하나님께 아뢰라 그리하면 모든 지각에 뛰어난 하나님의 평강이 그리스도 예수 안에서 너희 마음과 생각을 지키시리라.

하나님께서는 우리가 불평하고, 비판하고, 부정적이고, 감사하지 않는 사람이 되지 않기를 원하신다. 잠시 멈추고 성령님께서 여러분의 마음과 삶에 새 일을 행하시도록 하라. 이 부분에 대해서 이미 2장 "소화기, 도서, 잠언"에서 말했지만, 기본적으로 부정적인 사람, 심지어 분노하는 사람과 이 부분이 어떻게 연관이 있는지를 다시 한번 언급하고 싶다. 초신자 때, 나에게 반항적인 성향이 있다는 사실을 깨닫기가 쉽지 않았다. 한번은 이런 반항적인 말투가 나의 입 밖으로 튀어나오는 것을 보고 그 즉시 회개했다. 특히 내가 운전할 때 이런 말이 툭 나오려 하는데, 기차로 여행할 때는 그나마 나은 편이다.

오늘날 어디에 살든지, 불평하고 비난하는 사람들은 주변에 늘 있기 마련이다. 그렇게 해서 성취되는 것은 무엇인가? 내가 볼 때 그것은 건설적인 비판과는 매우 다르다. 나는 노만 빈센트 필 박사의 저서, 『꿈꾼 대로 된다』*The Tough Minded Optimist*, 21세기북스 역간, 2008 와 다른 비슷한 주제의 책을 읽고서 사고방식을 바꾸는 데 도움을 얻었다. 당신은 부정적인 사고방식을 지닌 사람들과 많은 시간을 보내는가? 그렇다면 분명 당신은 결국 그들과 같이 되고 만다. 전염성이 있기 때문이다! 늘 어두운 면만 보는 사람은 종종 실제로 매우 교만하고, 겉으로 보기에는 모든 것을 아는 사람 같지만, 종종 그 교만은 불안정감insecurity 과 묶여 결합되면 더 위험해진다. 하루는 그리스도인들이 흔히 투덜거리거나 불평하는 것을 목록으로 나열해 보았다.

아, 찬양이 너무 시끄럽구나.
아, 그들은 잘못된 성경 번역본을 사용하는구나.

아, 교회에서 어떻게 저런 옷을 입지?

아, 목사님의 설교가 너무 길었네.

아, 저 여자는 왜 저렇게 멋 부리고 다니는지 시간이 남아도나 보네.

아, 저 애는 왜 살이 쪘지. 또 쟤는 말이 너무 많아.

아, 그 애는 데오도런트 쓰는 것을 자꾸 잊어버려 땀 냄새가 심해.

아, 목사님이 비싼 차를 새로 산 것 봤어?

아, 저번에 장로님 한 분이 술 마시는 것을 봤어.

아, 세상에, 그들의 성찬식 잔에는 붉은 포도주가 있었어.

아, 목사님 아들이 맥주 마시는 것 봤어.

신앙생활 초창기에 나는 그리스도인 여성이 립스틱을 바른다거나, 남성이 장발을 하고 다니는 것을 못마땅하게 여겼던 것을 기억한다. 이런 목록은 끝이 없다. 우리가 이런 식으로 생각하고 행동할 때, 어떤 영원한 가치를 성취하는가? 기질이나 태도의 중요성을 우리가 이해하지 못하는 것인가? 다시 한번, 찰스 스윈돌의 『은혜의 각성』을 강력하게 추천한다. 이제는 여러 언어로 출간되어 있다.

나는 은혜에 대한 새 책으로 피터 하스Peter Haas가 쓴 『바리새인의 외식 제거하기: 당신 내면의 바리새인과 종교적 전염병을 기쁘게 제거하는 법』*Pharisectomy: How to Joyfully Remove Your Inner Pharisee and Other Religiously Transmitted Diseases*, Influence Resources, 2012을 읽고 있다. 제목에서 어떤 내용일지 짐작이 갈 것이다. 하나님은 우리가 어

떻게 행하고 말하는지에 대해서뿐만 아니라, 우리가 어떻게 생각하는지에도 관심이 많다. 우리가 지닌 태도나 사고방식은 예수님과의 동행하는 삶에서 매우 중요한 부분이다.

거의 모든 상황과 모든 사람에게 긍정적이고 좋은 측면이 존재한다. 우리는 부정적인 것보다 긍정적인 면에 훨씬 더 많이 집중해야 한다. 또한 이 말씀을 기억하자.

그러므로 무엇이든지 남에게 대접을 받고자 하는 대로 너희도 남을 대접하라 이것이 율법이요 선지자니라 _마 7:12

그렇다, 내가 『사랑의 혁명』에서 다뤘던 내용이니, 여러분이 온 마음과 행동으로 그 메시지를 받아들이길 소망한다. 이것은 성경에서 매우 강조하는 내용이다. 어떻게 놓칠 수 있겠는가? 데살로니가전서 5장 16절 말씀을 읽고 "항상 기뻐하라."는 말씀에서 배워라. 긍정적이 되는 것에 대해서는 빌립보서 4장 8절이 단연 으뜸이다.

끝으로 형제들아 무엇에든지 참되며 무엇에든지 경건하며 무엇에든지 옳으며 무엇에든지 정결하며 무엇에든지 사랑 받을 만하며 무엇에든지 칭찬 받을 만하며 무슨 덕이 있든지 무슨 기림이 있든지 이것들을 생각하라.

교육계에 종사하는 한 친구가 설명해 준 '방해자'_{blocker}는 나에게 마치 새로운 단어처럼 다가왔다. 방해자는 모든 것, 특히 자기 자신의 일과 가르침이 괜찮다고 생각하면서 변화를 위한 어떤 노력도 가로막는 사람이다. 우리가 성장하고 하나님께서 원하시는 사람이 되려면, 우리는 반드시 계속해서 배우고 계속 변화해야 한다.

아내가 남편에 대해 불평하고 비난하는 일로 인해 종종 부부 간에 관계가 깨어진다. 하나님의 은혜로 나는 아내를 공개적으로 비난한 일이 거의 없고 사적으로도 별로 없었지만, 간접적으로 돌려서 한 말이나 때로는 듣는 사람이 아내에 대해 오해를 불러 일으킬 수 있는 농담에 대해서 회개해야만 했다.

한번은 메시지를 전하는 중에, 아내에 대해서 한두 마디 이상으로 많이 칭찬했다고 비난을 받은 적도 있다! "우리 인생은 때때로 도저히 승산이 없을_{no-win situations} 때가 많다는 것을 아는가?" 우아, 나의 부정적인 생각이 다시 불쑥 튀어나와버렸다. 오, 주님, 우리를 모두 불쌍히 여겨 주시옵소서.

13장

사회적 관심과 참여로
복음 전도

● ● ● 　　　　　　　　　　　　어떤 이의 삶과 신학적
관점의 대변혁이 60대 후반에 일어날 수 있을까? 그렇다. 그것이
바로 나에게도 일어났고, 내가 처음 설립할 때부터 섬겨 온 오엠
도 마찬가지다. 이 부분에 대하여 내가 쓴 책, 『약한 나를 강하게』
에서는 한 장만 다루었는데, 그 큰 변화가 일어난 지도 벌써 20년
이 넘었다.

존 스토트, 빌리 그레이엄에 대한 이야기로 돌아가 보자. 전 세
계를 대표하는 수천 명의 크리스천 리더가 스위스 로잔에 모여서
가졌던 1974년 세계 복음화 국제 선교 대회에 대하여 생각해 보

자. 나는 '문서 전도'Literature Evangelism 에 대한 주제로 세미나를 진행했는데, 그 선교 대회 중에 중요한 메시지 몇 가지를 놓쳤던 것 같다. 그 대회에서는 어떻게 사회적 참여와 복음 전도가 양립할 수 있는지에 대한 토론이 활발히 이루어졌고 결국 그 유명한 로잔 언약이 선언되었다. 그 결정에 대해 찬성하거나 반대하는 많은 기사와 책이 나왔다. 이 대회는 다른 견해를 가진 저자들과 선교 단체들에게 큰 영향을 주었고 역사의 흐름을 바꾸어 놓았다. 사회 참여와 복음 전도의 두 가지 측면을 결합하는 이 사역을 일부 교회들과 선교 단체들이 앞서 감당하고 있었다는 점을 기억하자. 가령, 윌리엄 부스William Booth 장군과 그가 세운 구세군Salvation Army 을 보라. 물론 거기서 배울 수 있는 교훈이 많지만 모두 긍정적인 면만 있는 것은 아니다.

이 선교 대회가 있기 수년 전에, 스웨덴 출신으로 오엠 리더였던 버틸 엥퀴스트Bertil Engqvist 의 리더십 아래 오엠 구제 사역Operation Mercy 이 시작되었다. 필요한 후원 기금이 특별히 대부분 스웨덴에서 모금될 것을 기대하며 그 구제 사역이 시작되었던 것으로 기억한다.

오엠 사역 초창기 때부터 아프가니스탄은 우리의 비전에서 중요한 국가였고, 이런 종류의 구제 사역만이 그 나라와 그곳 난민들을 위해 활동할 수 있는 유일한 방법이었다. 그곳 사역을 처음 개척한, 지금은 카불에 묻혀 있는 고든 매그니Gordon Magney 는 파키스탄 국경 지대 난민들을 대상으로 아내 그레이스와 함께 오랫 동안 사역했다. 그들은 온갖 육체적 필요를 돌보는 동시에 복음 을 전하기 위해 수고하며 놀라운 사역을 전개했다. 그러한 사역 은 결코 쉬운 일이 아니었다.

　인도 오엠의 리더였던 요셉 드수사 Joseph D'Souza 는 우리 단체의 사역에 이러한 거대한 변화를 가져오는 데 선도적인 역할을 한 인물이다. 빈민촌에 의료 시설과 학교를 설립함으로 시작된 선 한 목자 Good Shepherd 사역은 우리 선교 단체의 역사적인 사건이 되었다. 이제는 초창기에 비해 더 큰 규모의 학교가 인도 전국에 110여 개가 있다. 특별히 정규 교육 기관에서 종종 거부 당하는 달릿 Dalit 어린이들을 위한 학교가 많다. 이미 언급했듯이 인도에 는 불가촉 천민 untouchable 인구가 2억 5천 만이 넘는다. 흔히 달릿 이라고 부르는데, 오늘날 많은 사람이 노예 제도와 같은 것이라 고 믿고 있다. 수백만이 넘는 이들은 아예 하위 계층에 속하지도 못하고, 사회적으로 버림을 받은 사람들이다. 이들을 향한 관심 은 우리 선교 단체의 사역 흐름을 바꾸는 데 일조했다. 세상에서 가장 거대한 민주주의 국가라고 말하는 인도에 이런 일이 있어서 는 안되겠지만, 이것이 오늘날 현실이다. 그러나 세상에서 가장 엉망이고 절망적인 상황에서도 하나님의 신비로운 방법으로 이 들 가운데 수백 명 아니 수천 명의 사람이 예수님께 돌아오고 있 다. 내가 이전에 썼던 글을 여기서 나누고자 한다.

우리의 후대는 무슨 말을 하게 될까?

과거 노예 제도를 신봉하고 따랐던 사람들의 후세대, 즉 노예 제도가 폐지된 이후 2세대, 3세대들은 그 시대의 사람들이 어떻게 그토록 눈이 멀고 어리석을 수 있었는지 의아해한다.

산책을 하면서 나는 필립 얀시 Philip Yancey 의 책, 『놀라운 하나님의 은혜』를 오디오 북으로 들었다. 특히 인종 차별에 대한 내용을 주의 깊게 들었다. 오늘날 우리는 그 시대 사람들, 하물며 기독교인이라고 고백했던 사람들조차도 그렇게 맹목적이고, 혐오적인 인종 차별주의자가 될 수 있었는지 의아해한다. 우리는 그것이 도저히 믿기지 않는다.

남아프리카공화국 신세대는 자신들의 부모 세대가 아파르트헤이트 Apartheid 로 알려진, 인종 차별 정책을 신봉하고 실행했다(예외적인 경우는 주님을 찬양하지만)는 사실에 새삼 놀라고 만다. 그들은 그것에 관한 영화를 보거나 책을 읽고서 그 사실을 믿기 어려워하고 종종 부끄럽게 여긴다. 물론 노예 제도나 인종 차별 정책을 두둔하고 옹호하는 그룹이 과거에 있었고 그 잔류가 지금도 존재한다. 실제로 유럽 일부 지역에서는 이러한 극단주의와 인종주의가 다시 일어나고 있다. 사실 신나치주의 운동 Neo-Nazi Movement 이 제법 활발하며, 특히 미국에서 그렇다.

이 책을 읽는 여러분 모두에게 던지고 싶은 중요한 질문이 있다. 오늘날 직면한 이슈들 중에 우리가 가진 무지, 편견, 게으름, 어리석음에 대해 다음 세대가 정말 경악을 금치 못하게 될 것은 무엇일까? 휴우! 나를 향해 손가락질하는 것만 같다. 오늘날 그것은 바로 과도한 인종 분리 정책으로 제정한 아파르트헤이트 그리고 노예 제도와 같은 형태로 사는 "불가촉"untouchability 계층 그룹에 대한 것이라고 믿는다. 이것이 계속되는 한 인구 2억 명 이상 사람들의 기본적인 인권과 일상생활에 영향을 끼칠 것인데, 그런 사람들은 대부분 인도에 살고 있으며, 다른 나라들에도 존재한다.

우리는 이런 이슈에 대해 어떤 태도를 취하는가? 이러한 문제에 대하여 여러분과 나는 무엇을 하고 있는가? 나는 여러 신문 방송 매체를 통해 뉴스를 들으면서 생각나는 수백 명의 각 나라와 사회 각계각층의 유명 인사들이 있지만, 어느 누구도 이러한 세계적인 재앙과 불의에 대해 대부분 아무런 행동을 취하지 않는다! 그들의 자녀들과 후세대들이 미래에 무엇이라고 말할지에 대해 그들에게 질문해 보자. 우리 모두 마음의 중심을 살펴보자.

나는 인도에 살았지만 그 부분을 놓쳤다. 그렇지만 그것을 나에게 일깨워 준 사람들로 인해 하나님께 감사드린다. 이제 나의 중대한 인생 목표 중 하나가 인도의 이런 상황을 변화시키는 것이 되었다.

이제는 여러분이 요셉 드수사의 책, 『달릿 자유: 지금 그리고 영원히』*Dalit Freedom: Now and Forever*, Dalit Freedom Network, 2005 를 읽기 바란다. 여러분의 주소를 알려 주면 이 도서를 기꺼이 선물로 보내 주겠다. 나의 이메일 주소는 george.verwer@om.org이며, 이 책을 받기 원하면 이메일로 우편 주소를 알려 주기 바란다.

1998년 남아프리카공화국에서 열린 우리 연례 지도자 회의에서 나는 5년 안에 국제오엠 리더십의 지위에서 물러날 것이라고 공표했고, 2003년 여름에 사임했다. 그리고 상당히 긴 시간과 우여곡절 끝에 피터 메이든 Peter Maiden 이 선출되었고 그는 나의 리더십을 이어받아 10년 동안 섬겼다. 지금은 싱가포르 출신의 로렌스 통 Lawrence Tong 이 그곳을 근거지로 삼고 국제오엠 리더십을 이어가고 있다.

　　리더십 위치에서 물러나면서 나는 이런 생각을 하게 되었다.

　　'복음 전도자로서의 조지 버위는 결코 변하지 않을 것이다.'

　　하나님이 나에게 이러한 사역 철학을 갖도록 인도하시는 것을 보고 사람들은 정말 깜짝 놀란다. 나는 성경과 역사에서 분명히 보았다. 이것은 내가 생각하고 말하고 살아가는 방식을 바꾸게 했다. 특별히 시간과 재정을 사용하는 방식에 큰 변화가 일어났다. 이와 관련된 메시지를 수백 번이나 나누었고, 비슷한 내용이 나의 책, 『약한 나를 강하게』에서도 나온다.

　　내가 국제오엠 리더십에서 물러났지만 피터 메이든과 다른 오엠 리더들은 내가 계속 오엠에 소속하여 사역 일부를 이끄는 것이 당연하다고 여겼다. 그리하여 나는 특별 프로젝트 사역 Special Project Ministry 을 맡게 되었다. 이를 통해 우리는 전 세계적으로 각종 사회적 이슈와 관련된 프로젝트에 더욱 많이 참여하게 되었다. AIDS 위기에서부터 세계적인 식수 오염, 기아와 관련된 각종 어려움과 문제 해결을 위한 사역이었다. 나는 기본적 인권에 대해 더욱 관심을 갖게 되면서 태아the unborn의 인권을 보호하는 것도 중요하다는 사실을 깨달았다.

우리는 패트릭 딕슨Patrick Dixon과 협력하며, 그의 책 『에이즈 행동』AIDS Action, Bookprint Creative, 2010 수만 권을 여러 나라 언어로 만들어 배포했다. 또한 랜디 알콘과 함께 『작은 생명의 손짓: 태아, 그들도 삶을 꿈꿀 권리가 있다』Why Pro-Life?: Caring for the Unborn and Their Mothers, 디모데, 2007를 수만 권 배포했다. 어떤 언어로 번역된 이 책은 그러한 주제에 대해 다루는 첫 출판물이 되기도 했다. 하나님께서는 내가 텔레비전이나 라디오 방송에서도 이 메시지를 전할 수 있는 기회를 주셨고, 나의 웹사이트www.georgeverwer.com와 다른 사이트들을 통해서도 이 메시지를 전 세계로 널리 알리게 하셨다.

이러한 사역이 진행되면서 우리 선교 단체가 직면했던 여러 도전과 변화에 대해서는 이 책에서 자세히 다룰 수는 없다. 복음 전도와 사회 참여를 결합하는 것은 결코 쉽지 않았다. 어떤 사람들은 기본적인 복음 전도 사역이 옆으로 밀려나고 이제 사회적 참여를 위한 프로젝트와 구제 사역이 우리 선교 단체의 주된 사역이 된 것으로 여기기도 했다.

이에 관한 논쟁이 계속 이어졌고 여러 연구 자료와 보고서도 나왔다. 전체적으로 우리 사역이 훨씬 더 복잡해지고 엉망이 되는 것처럼 보였다. 온갖 사회적 문제와 위기 상황을 해결하기 위한 후원금을 마련해야 하는 압박감은 상상을 초월했다. 되돌아보면, 그렇게 크고 많은 사역을 위한 후원금이 기도 응답으로 채워진 것에 대해 나는 지금도 계속 놀랄 따름이다. 우리 선교회의 옛시절old days 그때와 비교해서 지금 1년 예산이 얼마나 많이 늘어났는지 아는 사람이 있을지 모르겠지만, 아마 수십 배 정도 될 것이다.

우리는 아직도 여러 형태의 복음 전도 사역을 균형 있게 잘 감당하고 있다고 생각한다. 여전히 수백만의 사람에게 복음을 전하고 있으며, 이것은 변함없는 우리 선교회의 핵심적인 사역이고, 나의 마음에도 분명 그러하다. 오엠에서 발행하는 도서나 영상물은 그것을 입증해 준다. 예를 들어, 나 자신의 사역과 특별 프로젝트 사역에 대한 내용은 모두 나누었지만, 이것의 예산 규모는 오엠의 전체 예산에 비해 상대적으로 매우 적다. 오엠 예산의 대부분은 복음 전도와 교회 개척과 관련된 사역을 위해 사용되어야 한다고 생각한다.

나는 특별히 문서 사역을 통해 사람들에게 복음을 전하는 것을 가장 중요한 우선순위로 삼는 선교선 사역이 있어서 큰 격려를 받는다. 지금까지 4천 만 명 이상 오엠 선교선을 방문하였고 선교선이 방문했던 각 나라에서 전도와 교회 사역을 통해 수백만 명 이상이 복음을 들었다.

무엇이 나를 이러한 사역을 하도록 움직였을까? 그것은 무엇보다도 구약과 신약의 하나님 말씀에 대한 깊은 묵상과 연구 때문이다. 나는 하나님 말씀을 통해 어느 정도의 구제 사역의 필요성을 항상 인식하고 있었지만, 티어 펀드TEAR Fund, 월드 릴리프World Relief, 월드 비전World Vision 같은 다른 선교 단체들이 그러한 사역을 감당해야 한다고 여겼다.

영국 후크스Hookes 에 위치한 특별한 수양관의 작은 오두막집은 존 스토트가 생전에 종종 머물렀던 곳인데, 나는 그가 사용했던 의자에 앉아 지금 이 글을 쓰고 있다. 그분과 같은 비슷한 생각을 가졌던 하나님의 사람들이 나에게 지대한 영향을 끼쳤다. 어떤 이슈들에 대해서는 내가 다 동의할 수 없었지만, 이를 통해 내 마음을 살펴볼 수 있었고 내가 철저히 변화될 수 있도록 준비하는 계기가 되었다.

그렇다. 오엠은 더욱 복잡해졌고 어떤 이들은 이런 변화를 탐탁치 않게 여겨 우리를 떠났다. 그렇지만 다른 이들, 특별히 젊은 세대가 일어나서 우리 사역을 계속 감당해 나간다. 우리 사역에서 가장 격려가 되는 것 중 하나는 그 비전과 사역을 계속 이끌고 나갈 수 있도록 하나님께서 보내 주신 그리스도의 군대, 즉 100여 개국에서 온 젊은 리더들이 있다는 것이다.

드레나와 나의 삶 그리고 몇 안 되는 우리 사무실 스태프의 삶도 더욱 복잡해졌다. 예전처럼 함께 여행하는 기회가 적어졌고,

비행기에서 영화 감상 같은 것을 할 시간도 역시 줄었다. 내 노트북 컴퓨터 화면에 수백 개의 이메일이 보이는 데, 이제 이메일로 소통하는 것이 우선순위가 되었다.

우리가 지금까지 선교사의 여정을 걸어오면서 수없이 많은 위험, 장애물과 마주쳤을 때마다 항상 그랬던 것처럼, 우리의 모든 염려를 다 주님께 맡긴다(벧전 5:7). 우리는 놀라운 기도 응답을 경험했지만, 우리의 기도를 응답 받지 못할 때 어떻게 해야 하는지 알려 주는 훌륭한 여러 책이 있어서 감사하다. 24시간: 7일 기도 운동 24:7 Movement 의 설립자인 피트 그레이그 Pete Greig 가 새로 출판한 책,『침묵으로 말씀하시는 하나님』 God on Mute, 미션월드 역간, 2008 , 필립 얀시의 『하나님, 당신께 실망했습니다』 Disappointment with God, IVP 역간, 2013, 도널드 던의 『하나님이 침묵하실 때』 When Heaven is Silent, 생명의말씀사 역간, 2004 와 같은 책들은 나에게 큰 도움과 위로가 되었다. 이 책을 읽는 당신도 하나님의 이 위대한 비전과 사역에 동참하기를 소망한다.

나는 내가 받는 모든 이메일에 개인적으로 일일이 답장을 보내고 있다. george.verwer@om.org로 연락하기 바란다.

14장

결코 변치않는
비전과 부담

● ● ● ●　　　　　　　　　　　　나는 1955년 3월 3일,
빌리 그레이엄의 전도 집회에서 복음을 듣고 난 후부터 삶의 방향
이 이전과 다르게 완전히 바뀌었다. 나는 회심도 하기 전부터 이미
성경을 많이 읽었다. 1953년 여름, 나는 램지고등학교_{Ramsey High}
_{School} 에서 열린 성경 캠프에 몇 차례 참석했는데, 다음과 같은 편
지와 함께 보내 온 요한복음을 받아 열심히 읽었던 것이 지금도
기억난다.

생명의 말씀 캠프
슈룬 레이크, 뉴욕
1953년 7월 15일

친애하는 성경 클럽 회원님께

이제 본격적으로 시작한 여름을 마음껏 즐기고 있기를 바랍니다. 회원님이 일을 하든지 쉬고 있든지 시간을 좀 낼 수 있을 것이라 생각합니다. 성경 클럽의 회장으로서 저는 각 회원님에게 성경을 조금씩이라도 읽기를 늘 바라고 있습니다. 학기 중에는 학업 때문에 시간이 별로 없지만, 지금은 여름 방학이니 동봉된 하나님의 말씀 중 한 권인 요한복음을 읽으시기를 바랍니다.

제가 회원님이 그 성경책을 읽었으면 하고 바라는 몇 가지 이유를 간략하게 말씀해 드리겠습니다. 무엇보다도 요한복음 5장 39절의 말씀에는 "성경을 연구"하라 쓰여 있습니다. 이것은 우리가 순종해야 할 하나님의 명령입니다. 또한, 성경에는 기적이나 놀라운 경험과 같은 흥미로운 이야기로 가득하며, 요한복음 17장 17절에 "아버지의 말씀은 진리"라고 말하며, 그것은 모두 사실입니다. 그리고 성경은 저를 포함하여 수많은 사람에게 기쁨과 축복의 큰 원천이 되어 왔습니다. 오직 이 성경 말씀에서 우리는 우리 자신과 우리의 삶을 위한 하나님의 가르침을 발견할 수 있습니다.

이 짧은 책을 읽는 데 보내는 시간은 가장 가치 있고 영감을 받는 일이 될 것입니다. 이 적은 분량에 성경의 기본 진리 대부분이 고스란히 담겨 있고, 진정한 기쁨과 평안, 성공을 찾는 길이 있습니다.

이번 여름에 회원님이 무엇을 하는지에 따라 그 값어치가 달라질 것입니다. 하나님의 말씀 중 일부를 담은 이 작은 책을 읽는 것은 매우 가치 있는 일이 될 것이며, 이 말씀이 기쁨과 복의 원천이 되길 기도합니다. 제가 도울 수 있는 어떤 질문이나 문제가 있으면, 알려주시기 바라며 기꺼이 도와드리겠습니다.

하나님께서 그분의 계획 가운데 복 주시길 축원합니다.

진심을 담아
다니엘 클랩
Daniel Clapp

후에 포켓신약성경협회에 가입했지만, 그 이전부터 나는 호주 머니 속에 신약 성경을 늘 지니고 다녔다. 그 선교 단체가 요한복음을 배포하면서 복음을 전하는 사역을 소개하는 것을 본 적도 있다. 이런 경험들을 통해 내 마음 속에 세상 모든 사람이 하나님의 말씀을 갖게 되기를 원하는 소원이 심어졌다.

나를 아는 사람들 대부분은 내가 여러 방면으로 하나님의 사역에 참여하는 것을 알고 있고, 또한 내가 전 세계적으로 위대한 하나님의 군대에 속하는 많은 선교 단체와 교회를 얼마나 존중하고 있는지 잘 알고 있다. 내가 평생에 걸친 사역을 통해 경험한 것을 심사숙고하여 진정한 마음으로 다음과 같이 나누고자 한다.

내가 마지막으로 가졌던 인도 사역 일정 가운데, 많은 사람과 인터뷰해야 할 몇 가지 과제가 있었다. 대규모 전도 집회, 라디오, 텔레비전, 영화, 문서 등을 포함해 온갖 종류의 훌륭한 사역이 있지만, 여전히 수백만 명의 인도 사람 중에는 (복음 영화를 본 것을 포함해) 복음을 단 한 번도 듣거나 읽어 본 적이 없다는 사실을 깨달았다. 또한 많은 선교 단체가 우리가 하고 있는 달릿Dalits 학교 사역과 같이 막대한 시간과 재정이 필요한 전인적 사역holistic ministry 으로 전환했는데, 이를 통해 엄청난 복음 전도와 교회 개척이 동시에 진행되었다. 그 풍성한 열매로 인해 주님께 감사드린다.

불가촉 천민 달릿 사람들은 인도에서 복음을 가장 많이 전달받은 제일 큰 집단이 될지는 모르지만, 그들 인구 2억 5천 만 명 중에 최소한 몇 퍼센트 정도에게 다가가서 복음을 전하고 있는 것일까? 그들 중에 대다수가 글을 읽지 못한다. 인도에 약 3억 명이 넘는 기타 후진계층Other Backward Castes 이 존재한다고 들었다. 그들 중에 얼마나 많은 사람이 그리스도의 구원의 은혜에 대한 복음을 단 한 번이라도 듣거나 알게 되는 기회를 가질 수 있었을까? 예수님에 대해 한 번 들어서는 결코 충분하지 않은 것이 사실이다.

인도에는 1억 7천 만 명이 넘는 무슬림이 있다. 낙관적으로 볼 때, 그들 중에 수백만 명이 복음 영화 상영을 보았거나, 신약 성경이나 복음서를 가졌거나, 복음 전도 라디오를 들었거나 텔레비전 방송을 보았을 것이다. 만약 그 인구가 7천 만 명이라 할지라도 나머지 1억 명은 아직 복음을 듣지 못했다는 말이다!

내가 말하고자 하는 취지를 이해하는가? 나는 중국의 최근 상황에 대해서 잘 모른다. 그곳에 많은 성도가 늘어나고 교회 성장이 있었지만 아직 그곳에 있는 수백만 명의 사람이 단 한 번도 복음을 듣지 못했다는 사실에 이의를 제기할 사람은 없을 것이다.

성경 전체나 일부를 모든 언어로 번역하는 일에 커다란 진전이 이루어진 것을 나는 최근에 알게 되었다. 이 중 일부 언어들은 매우 적은 수의 사람이 사용하는 언어다. 그와 같은 사역이 필요하다는 것과 그 중요성을 안다. 이 일을 위해 지금 수백만 달러가 투입되고 모금된다는 대단한 소식을 듣는다. 이런 소식을 들으면서 이해하기 좀 어려운 부분이 있다. 우리 주위에 수백만 아니 수십억의 사람이 사용하는 언어로 이미 성경(신약, 전도지, 소책자, CD, DVD 등 포함)이 번역되었는데, 성경이 없는 그들에게 왜 아무 것도 전해 주지 않았는지 모르겠다. 그것이 도저히 이해가 되지 않는다. 이 책을 읽은 독자 여러분이 내가 이 점을 이해할 수 있도록 좀 도와 주기를 바란다.

우리가 바로 10억의 인구를 더 예수님께 인도할 것이라는 어느 선교 단체와 홍보물의 주장은 오해의 소지가 있다고 믿지만, 세계 일부 지역에서는 대규모 교회 성장이 일어나고 있으니 누가 알겠는가? 사실, 복음에 더 저항적인 수백만 명의 사람에게 그 영향력은 지극히 적다. 그들 중에 어떤 사람들은 복음에 반응을 보이는 사람들을 피하여 그들이 사는 지역으로부터 떨어져 살기 위해 다른 곳으로 이주하기도 한다. 가령, 인도에서 사회적으로 최하위 계층인 달릿 기독교인들이 최상위 계층인 브라만Brahmans 사람들에게 복음을 전할 수 있을 것인가는 의문이다.

복음을 전혀 듣지 못한 이러한 수백만 명의 사람에게 복음을 전할 수 있도록 더욱 기도하기를 호소한다. 이러한 사역을 위해 들어갈 필요한 재정을 위해 기도해 주기 바란다. 재정이 채워지면 수천 명의 사역자에게 더 많은 복음 전도 도구들을 공급해 줄 수 있다. 종종 나의 사역에서도 그랬던 것처럼, 가장 필요한 것이 재정이 아닐 수 있지만, 재정이 필요하다면 이를 위한 대책을 찾아보자! 이것은 어느 한 단체나 한 교회가 할 수 있는 일이 아니다. 이미 잘 알려진 운동으로, 주위의 수백만 명의 사람에게 복음을 전하기 원하는 서로 다른 교회와 단체들이 함께 협력하는 거대한 풀뿌리 운동grass-roots movement 은 이를 가능하게 할 것이다.
우리는 모든 교회의 모든 성도에게 그들 주위에 있는 불신자들에게 복음을 전하도록 가르치는 데 모든 노력을 다해야 한다. 이것은 복음 전도에 거대한 진전을 가져다 줄 것이다. 이를 위해 나는 더 많은 시간을 투자할 것이다. 만약 이런 일에 가슴이 뛰는 사람들이 있다면 누구든지 어디 있든지 상관없이, 나는 그들과 개인적으로 대화하고 싶다. 여기까지 읽어 주신 독자 여러분께 감사드리며 여러분으로부터 소식을 듣기 원한다.

몇 해 전, 나는 최소 1억 명 이상의 사람에게 복음을 전한 선교 단체들의 목록을 작성하기로 마음 먹고, 그것을 "일억 클럽"The Hundred Million Club 이라고 불렀다. 그 안에는 약 50여 개의 선교 단체와 사역이 있는데, 여러분이 원하면 그 목록을 보내줄 수 있다. 물론 어떤 나라와 어떤 언어권에 있는 많은 사람은 복음을 여러 번 듣고 읽었다. 어떤 이들은 복음서와 전도지, 소책자를 쌓아 놓을 만큼 많이 받았다. 그렇지만 아직 수백만 명의 사람에게는 그 어떤 것도 전달되지 않았다. 우리는 기뻐할 것도 많지만, 아직 할 일이 많다. 그 비전을 위해 바로 당신이 행동으로 동참할 수 있기를 소망한다.

15장

이제 우리는
어디로 가야 하나?

● ● ● ● 나는 지금 북아일랜드의 도시 외곽에 위치한 벨파스트_{Belfast} 라는 내가 좋아하는 도시의 친한 친구의 집에 머물고 있다. 나는 이 지역과 아일랜드의 다른 지역을 통틀어 백 번은 온 것 같다. 지난 수십 년간 이곳에서 일어난 일들 가운데 유럽에서 가장 소름끼치고 무시무시한 일들이 있었는데, 그런 상황들 가운데 하나님께서 행하신 일들을 보며 정말 놀라지 않을 수 없었다.

　그러한 암울한 상황에서 그 모든 세월 동안 교회가 제대로 역할을 다하지 못한 것에 대한 많은 비난이 있었다. 교회를 비난하기란 얼마나 쉬운 일인가! 교회가 그렇게 나빴다면 어째서 살아계신 하나님께서 이곳 교회들을 사용하셔서 그 모든 상황에서도 그렇게 많은 사람을 구원하셨을까? 세계에서 가장 크고 중요한 선교 대회 중 하나에서 내가 메시지를 전할 수 있는 기회를 처음으로 가졌던 장소 가운데 하나가 바로 이곳이다. 오엠뿐만 아니라 다른 여러 선교 단체를 보아도 이곳은 영국에서 가장 활발하게 사역하는 지역이 되었다. 말하자면, 가톨릭 신자들에 대한 심한 편견이 있는 사람들이나 교회들을 어떻게 하나님께서는 사용하실 수 있을까? 이 나라의 이런 슬픈 분열은 오늘날까지도 존재하는데, 내가 정말 이해하기가 어렵다. 그러나 살아 계신 하나님께서는 그런 상황을 다루시는 것 같다. 전능하신 하나님께서는 사람들로 인해 애통해하시고 동시에 그들에게 복 주시는 분이시다. 나는 이것을 바로 메시올로지라고 부른다.

이 책 마지막 장에서 내 마음과 생각을 나누고 싶은 것이 너무나 많다. 여러분이 숙지하기를 바라며 부탁하고 싶은 몇 가지 이슈에 대해 좀 더 나누고 싶다. 독자 여러분은 이 책이 왜 더 이상 선교에 대해서, 특히 미전도 종족에 대해서 다루지 않는지 궁금하겠지만, 다른 책에서 다룬 내용을 반복하고 싶지 않아서 그렇다. 내가 이미 쓴 책에서 나눈 내용 위에 추가할 것인데, 그 책을 읽지 않은 사람들에게도 어쨌든 도움이 되기를 바란다. 오엠의 공식적 역사에 대해서는 10년 전에 발행된 이안 랜달의 책, 『영적 혁명』이 있는데, 그 책은 내가 무엇을 믿는지, 하나님께서 내 삶과 오엠에 어떻게 역사하셨는지 잘 서술되어 있다. 하나님께 서 각양각색의 수많은 사람을 다양한 방법으로 사용하셔서 어떻게 놀라운 일을 행하시는지 많이 배울 수 있기 때문에 그 책을 주의 깊게 읽어 보기를 적극 권한다. 오엠 선교선 사역에 관한 책들도 꽤 있는데, 데비 메로프Debbie Meroff 의 책, 『바다에서 읽는 시편』 Psalms from the Sea, Amazon, 2012 과 같이 독특한 것도 있다.

마지막으로 여러분이 풀 타임 선교사가 되는 것을 고려해 보기를 바란다. 선교사라는 단어를 좋아하지 않는 사람들도 있는데, 그러면 "열방을 위한 그리스도의 풀 타임 대사"full-time ambassador of Christ to the nations 는 어떤가? 아내와 나는 서로 만나기도 전에 각자이 결심을 했는데, 이제 우리는 함께 사역하며 섬겨 온 지난 60여 년을 되돌아본다. 이제 아내가 80대가 되었지만 여전히 풀 타임 선교사로서 보이지 않는 곳에서 매일같이 장시간 일한다. 최근 우리에게는 많은 변화가 있었지만, 왕을 섬기는 일에 은퇴는 없다고 믿는다. 나는 스마트폰과 노트북 컴퓨터를 사용하여 침대에서도 일할 수 있는 전략과 방법을 이미 모색했다.

지금 너무나 많은 교회가 사도행전 13장 말씀을 저버리고 풀 타임 장기 선교사들을 파송하지 않는다는 사실에 정말 마음이 아프다. 그 중에는 내가 귀히 여기는 훌륭한 교회들도 포함된다. 선교사들에 대한 부정적인 이야기들로 인해 (일부는 사실이다.) 널리 알려진 크리스천 리더들조차도 그런 잘못된 생각을 더욱 갖도록 만든 것을 잘 안다.

내 마음을 너무나 아프게 하는 책들 중 하나는 내가 사랑하고 하나님께 쓰임 받은 사람이 썼는데, 그는 타문화권 사역을 위한 선교사들, 특히 미국 선교사들의 파송을 그만두어야 한다고 주장한다. 그렇다면 아내와 내가 인도에 정작 선교사로 가지 말았어야 했을까? 그동안 수백만 명의 사람이 그리스도께 돌아왔고, 지금도 수많은 사람이 주님 앞으로 돌아오고 있는 것은 우리가 선교사들을 파송했기 때문이라는 사실을 알고 있을까? 어떤 곳은 더 이상 선교사들이 필요 없지만, 그렇지 않은 다른 나라들도 아직 많이 존재한다. 최소한 40개국의 나라는 그곳 현지 언어를 배우며 사역할 수 있는 장기 선교사들이 절실히 필요하다.

나는 직업을 갖고 사역하는 자비량 선교사들에 대해서도 그들의 중요성을 알고 있다. 그러나 내가 보건대 그들은 그들이 하는 일에 시간을 거의 사용하고, 특히 가족이 있으면 더욱 그렇다. 그래서 복음을 전하고 교회를 개척할 시간이 별로 남지 않는다. 물론 예외적인 상황도 있다. 그럼에도 불구하고 우리가 복음을 전할 수 있는 모든 가능성으로 인해 기뻐한다.

오엠은 단기 선교 사역을 처음으로 시작한 주요 선교 단체들 중 하나로 여겨왔지만, 사실 그것은 나의 원래 생각이 아니었다.

우리는 처음 시작할 때부터 평생 선교사들 lifers 을 찾고 있었다. 우리는 멕시코에 이어서, 유럽에서는 훨씬 더 많이, 하나님께서 단기 선교를 정말 놀랍게 사용하시는 것을 보았고, 이를 계기로 수백만 명의 사람을 주님 앞으로 인도하는 사역으로 발전하였고, 전 세계적으로 단기 선교 사역이 펼쳐지게 되었다. 물론 그 모든 과정에서 많은 실수가 있었고 정말로 엉망인 부분도 있었다.

이 모든 일을 통해 우리는 종종 사역자들을 찾는 것보다 재정을 구하는 것이 더 어렵다는 것을 배웠다. 재정적 필요를 위해 우리가 믿음으로 기도할 때 하나님께서 놀랍게 응답해 주시는 것을 경험했다. 이것은 허드슨 테일러와 C. T. 스터드를 비롯한 다른 많은 선교사로부터 시작된 믿음 선교 운동 Faith Mission Movement 인데, 시간이 지남에 따라 오엠도 그러한 운동의 선교 단체로 인식되었다. 조지 뮬러는 외부적으로 다른 사람들로부터 재정적 후원을 요청하지 않았고, 오직 믿음과 기도로 고아들을 위해 모든 사역을 이끌어 나갔다. 그는 또한 형제교회 운동 Brethren Movement 의 창설자 중 한 사람으로서, 다른 창설자인 J. N. 다비 Darby 와 사이가 틀어지게 되었다. 역사적으로 형제교회 운동이 시작되는 시점에 조지 뮬러는 그의 생전에 가장 혼란스럽고 엉망인 상황을 직면하기도 했다.

내가 개인적으로 연구한 바에 따르면 조지 뮬러는 사실 그 당시 시대적 상황에서 훌륭한 모금가였는데, 나는 그를 본받아 배우며 따르기로 마음 먹었다. 오엠과 다른 사역을 위해 재정을 마련하고 기도하는 것은 내 삶에서 가장 흥미롭고 동기부여가 되는 일 중에 하나다. 그것에 대해서도 나는 책을 한 권 쓸 수 있지만, 앞으로 더 좋은 일이 일어나길 변함없이 기도한다. 신약 성경은 기도와 함께 우리에게 높은 수준의 의사소통, 투명함, 정직, 진실성이 필요하다는 것을 분명히 보여 준다. 나는 이 주제를 다루는 책 몇 권을 이미 언급했지만, 가장 최근에 출판된 책으로 존 라인하트John Rinehart 의 『복음 후원자』Gospel Patrons, Reclaimed Publishing, 2004 가 나에게 도움이 되었다. 그는 돈을 버는 은사와 능력 있는 사업가들의 핵심적인 역할에 대하여, 하나님께서 기름 부으시고 은사를 주신 그들을 통해 어떻게 일하시는지 나누고 있다.

만약 이 책에서 선포하는 하나님의 긍휼과 신비, 은혜의 메시지, 메시올로지가 없다면 나는 실패자다. 이 책을 읽는 독자 여러분 중에 혹시 당신의 죄를 위해 돌아가신 주 예수 그리스도를 믿음으로써 하나님께서 주시는 구원의 선물을 아직 받지 못한 사람이 있다면, 지금 그 선물을 반드시 받기를 바란다.

이러한 새로 거듭나는 체험과 은혜를 경험한 사람들 중에 자기 자신을 용서하지 못한 사람이 있을 것이다. 그런 사람들은 그들의 삶과 사역에 장애와 복잡한 문제를 계속 일으킨다. 엉망진창인 상황은 하나님의 마음을 아프게 하지만 동시에 하나님께서는 정말 엉망인 사람들 가운데 일하시고 역사하시는 것을 우리는 분명히 보았다. 당신의 삶에서 얼마나 많은 역경과 실패가 있든지 상관 없이 그분께서는 당신을 사용하길 원하신다. 아마 당신이 죄와 어리석음 때문에 절뚝거리며 걸어도, 중요한 것은 여전히 걷고 있다는 점이다. 그분께서는 당신이 전혀 예상하지 못한 세상 어딘가에서 걷기를 원하실 수도 있다. 그것을 위해 적어도 기도는 할 수 있지 않은가?

이 글을 읽는 이들 중에는 다른 사람들을 진정으로 용서하지 않은 사람도 있을 것이다. 특별히 자신에게 마음의 상처를 주고 실망을 주고, 심지어 배신한 사람에 대한 용서 말이다. 어쩌면 머리로는 용서했는데 실제로는 그렇지 않을 수 있다. 그렇게 한다는 것이 힘겨울 수 있겠지만, 용서는 반드시 이루어져야 한다.

만약 하나님께서 내가 언급한 내용을 통해 당신에게 말씀하셨다면, 그 메시지를 머리에서 가슴으로 그리고 발로 실행할 수 있는 실현 가능한 다음 조치들을 고려해 보기를 바란다.

1. 더욱 긍정적이고 낙관적인 사람이 되겠다고 결심하고, 하나님께서 지역적으로 또는 전 세계적으로 행하시는 놀라운 일을 다른 사람들에게 전하기 시작하라.

2. 타문화권 다른 나라들과 미전도 종족들에 초점을 맞춘 기도 모임에 적어도 한 곳 이상 참여하라. 여러분이 이미 지역 교회 기도회에 참석하는 분들이 있겠지만, 참석하는 기도 모임이 하나 이상이기를 바란다. 아, 여러분이 기도 모임을 하나 새로 시작하는 것은 어떤가?

3. 여러분에게 유익이 되었던 책이나 DVD, 혹은 웹사이트를 다른 사람들에게 소개하라. 여러분이 알고 있거나 혹은 만나는 사람들 중에 주님을 모르는 사람이 있다면 성경 말씀이 담긴 전도지나 예수님에 대한 영상물을 나누어 주라.

4. 가능한 한 빨리 단기 선교에 동참하라. 여러분이 복음을 전하고 사람들을 섬기고 만날 수 있는 사역이 우선순위가 되도록 노력하라. 가난한 사람들을 위해 사역하고 당신이 신앙적으로 자극이 되고 성장할 수 있는 그 곳에서 살아보도록 하라.

5. 당신이 익숙한 환경에서 벗어나 다른 나라나 타문화권에서 온 이웃 사람들을 만나라. 최소한 하나 이상의 외국어를 배우기 시작하라. 내가 고등학교 다닐 때 스페인어를 배운 것처럼 만약 당신이 이미 다른 외국어를 배우고 있다면 유창해지도록 계속 익히기로 결심하라. 가능한 한 빨리 그 언어

를 모국어로 사용하는 사람들과 사귀고 어울려라. 좀 어려워 보이는 방법일지라도 목적을 갖고 의도적으로 다가가라.

6. 시간을 더욱 생산적으로 사용하는 법을 배우고 실천하라. 그냥 바라만 보는 것을 줄이고 행동으로 더 옮기는 것을 당신의 좌우명으로 삼아라. 텔레비전, 게임, 쓸데없는 잡담의 덫에 걸리지 않도록 주의하라. 물론, 이 많은 것을 재미있게 즐길 수 있겠지만, 다만 당신의 시간을 약간만 사용해야 한다. 여러분에게 자녀들과 손주들이 있다면 당연히 그런 시간은 늘어난다. 또한 믿지 않는 친구들에게 우리는 예민하거나 극단적이고 경직된 모습으로 보이지 않아야 한다. 바울이 고린도전서 9장 22절에서 한 말을 기억하라.

약한 자들에게 내가 약한 자와 같이 된 것은 약한 자들을 얻고자 함이요 내가 여러 사람에게 여러 모습이 된 것은 아무쪼록 몇 사람이라도 구원하고자 함이니.

7. 신학교에 가서 공부하는 것을 고려해 보라. "왜 신학교에 가야 하는가?"라는 제목으로 내가 쓴 소책자가 있다. 요즘은 온라인이나 흩어져 있는 분교를 통해 신학교 과정을 공부할 수 있다. 우리는 세계 여러 곳에 단기 신학 과정을 개설한 캐펀레이 펠로우십 Capernwray Fellowship 과 거의 60년 동안 함

께 협력해 왔다. 이런 저런 다양한 방법으로 여러분은 하나
님의 말씀을 묵상하고 연구하는 시간을 더 많이 가져야 한
다. 나는 특별히 회심하기 전이었지만 내 삶의 변화를 가져
다 준 성경 구절들을 사람들에게 암송하라고 권한다. 아, 참
나는 어릴 때 보이스카우트 활동을 하면서 큰 상을 받기 위
해 성경 말씀을 암송해야 했다. 로마서 8장이었다. 나는 로
마서 8장을 암송하고서 그 상을 탔는데, 그때 찍었던 사진을
얼마 전에 본 기억이 난다.

8. 매일 더욱 감사하면서 살기로 작정하고 실천하라. 최근 누
군가가 당신에게 무엇을 주었는가? 책이나 차 한 잔을 사주
었거나, 차로 목적지에 데려다 준 적이 있는가? 그들에게
감사했는가? 내 친구 중에는 사람들에게 지나칠 만큼 감사
하는 듯한 사람도 있는데, 그 친구와 같은 사람은 사실상 많
이 없을 것이다. 나는 많은 책을 나누어 주는데, 대부분의
사람은 감사 인사를 하지 않는다. 물론 내가 개인적으로 직
접 건네줄 때는 대개 당연히 감사하다고 하지만 말이다. 나
중에 조그마한 감사 쪽지라도 받게 될 때면 정말 감격스럽
다. 내가 감사 없이 살았던 것과 사람들에게 사랑으로 제대
로 감사하지 않은 것에 대해 예수님께서 용서해 주셔서 감
사하다.

9. 더 열심히 일하고, 숙면과 건강한 식생활, 적절한 운동을 하라. 나는 이것을 평생 실천해 왔고 적극 추천하는 바이다. 나에게 있어서 매우 강력한 신약 말씀 중에 고린도전서 9장 24-27절이 있다.

운동장에서 달음질하는 자들이 다 달릴지라도 오직 상을 받는 사람은 한 사람인 줄을 너희가 알지 못하느냐 너희도 상을 받도록 이와 같이 달음질하라 이기기를 다투는 자마다 모든 일에 절제하나니 그들은 썩을 승리자의 관을 얻고자 하되 우리는 썩지 아니할 것을 얻고자 하노라 그러므로 나는 달음질하기를 향방 없는 것 같이 아니하고 싸우기를 허공을 치는 것 같이 아니하며 내가 내 몸을 쳐 복종하게 함은 내가 남에게 전파한 후에 자신이 도리어 버림을 당할까 두려워함이로다.

10. 더 많은 사람과 연락을 주고 받으며, 그들을 위해 기도하기로 결심하라. 다양하고 좋은 방법을 사용하되, 커피나 차, 물 한 잔이라도 같이 나누며 직접 만나는 것이 가장 좋다는 것을 기억하라. 함께 나가서 다른 사람들을 사랑하고 섬기고 복음을 전하면 더욱 좋을 것이다. 나는 이메일이나 페이스북을 좋아하지만 전화 통화하는 것이 줄어들면서 누군가의 목소리를 듣는 것도 특별한 경험이 된다는 것을 깨달았다. 스카이프나 그와 비슷한 소통 방법으로 통화할 수 있어서 얼마나 감사한지 모른다! 주님을 찬양합니다! 직접 통화

하려면 상대방의 양해를 구하는 것이 필요할 때도 있는데, 그런 모든 상황에서 사람들이 당신을 실망시키거나 당신이 거절감을 느낄 수도 있다. 가장 큰 실수는 그런 시도를 아예 하지 않는 것이다. 나는 재정이 필요한 많은 사람을 알고 있고 그런 사람들만을 위한 특별 프로젝트 후원금이 있는데, 왜 많은 사람이 아무것도 받지 못할까? 그들은 결단코 구하지 않기 때문이다. 후원금을 어떻게 모금을 하는지에 대한 훌륭한 책들이 있다. 특별히 마일즈 윌슨Myles Wilson 의 『가족 비즈니스를 통한 후원』Funding the Family Business, Stewardship, 2006 과 베티 바네트의 『닫힌 창고 문을 열라』Friend Raising, 예수전도단 역간, 1994 를 읽고서 많은 은혜를 받았다.

11. 어떤 형태로든지 멘토링의 도움을 받도록 시도하라. 비록 좀 부족하고 간헐적일지라도 서로 책무를 다할 수 있도록 하라. 기혼자라면 당신의 배우자와 가족과 함께 반드시 충분한 시간을 보내도록 하라. 그것이 쉬울 것이라고 예상하지 말라. 아내와 나는 결혼 생활 내내 특히 더 많은 시간을 내어 함께 기도하는 것이 어려웠다. 만약 당신이 육신적 욕망이나 음란물과 같은 죄들과 씨름하고 있다면, 당신은 반드시 도움을 받아야 한다.

이 책을 끝까지 읽고 나서, 하나님께서 당신의 삶에 어떤 일을 행하셨는지 이메일로 나에게 알려 주면 좋겠다. 내가 쓴 다른 책으로는 『사랑의 혁명』, 『문서 선교』, 『실재를 향한 갈망』, 『후회하지 않는 삶』*No Turning Back*, Paternoster, 2008, 『약한 나를 강하게』 등이 있는데, 여러분이 읽은 책이 있으면 알려 주기를 바란다. 이 책들이 약 50개 언어로 100만 부 이상 널리 배포되었다니 믿기지가 않는다. 주님을 찬양합니다!

이 책을 쓰는 것은 나에게는 긴 마라톤과 같았지만, 이제 책을 마무리하자니 결승선이 바로 눈앞에 보인다. 여기까지 오는 동안 위에서 내려 주신 주님의 모든 도우심에 감사한다. 지난 80여 년 인생 동안 나에게 선한 영향을 끼쳐 준 모든 훌륭한 하나님의 사람에게 정말 감사를 드린다. 나는 오직 주님 앞에서 스스로 겸손히 무릎 꿇고 그분께 모든 영광과 감사와 찬양을 드릴 뿐이다.

이 책에 언급된 번역서

R. T. 켄달, 『거룩한 불』 *Holy Fire*, 순전한나드, 2015

R. T. 켄달, 『완전한 용서』 *Total Forgiveness*, 죠이선교회출판부, 2007

고든 맥도날드, 『내면 세계의 성장과 영적 질서』 *Ordering Your Private World*, IVP, 2018 확대개정판

고든 맥도날드, 『무너진 세계를 재건하라』 *Rebuilding Your Broken World*, 비전북출판사, 2006

노만 빈센트 필, 『꿈꾼 대로 된다』 *The Tough Minded Optimist*, 21세기북스, 2008

데이비드 플랫, 『래디컬』 *Radical*, 두란노, 2011

랜디 알콘, 『은혜의 어린양과 진리의 사자』 *The Grace and Truth Paradox*, 디모데, 2005

랜디 알콘, 『작은 생명의 손짓: 태아, 그들도 삶을 꿈꿀 권리가 있다』 *Why Pro-Life?: Caring for the Unborn and Their Mothers*, 디모데, 2007

로널드 던, 『하나님이 침묵하실 때』 *When Heaven is Silent*, 생명의말씀사, 2004

로이 헷숀, 『갈보리 언덕』 *The Calvary Road*, CLC, 2004

베티 바네트, 『닫힌 창고 문을 열라』 *Friend Raising*, 예수전도단, 1994

브레넌 매닝, 『부랑아 복음』 *The Ragamuffin Gospel*, 진흥출판사, 2002

비브 토마스, 『세컨드 초이스』*Second Choice*, 죠이선교회출판부, 2003

빌리 그레이엄, 『빌리 그레이엄의 행복』*The Secret of Happiness*, 두란노, 2007

빌리 그레이엄, 『하나님과의 평화』*Peace with God*, 생명의말씀사, 1973

앤드류 머레이, 『겸손』*Humility*, 여러 출판사에서 출간됨

엘리자베스 엘리엇, 『영광의 문』*Through Gates of Splendour*, 복있는사람, 2003

오스왈드 샌더스, 『영적 지도력』*Spiritual Leadership*, 요단출판사, 2018 재출간

오스왈드 스미스, 『구령의 열정』*The Passion for Souls*, 생명의말씀사, 2013 개정판

일레인 로튼, 『로고스 스토리』*The Logos Story*, 좋은씨앗, 2014

조지 버워, 『안전지대는 없다』*Out of the Comfort Zone*, 죠이선교회출판부, 2001

조지 버워, 『약한 나를 강하게』*Drops from a Leaking Tap*, 예영커뮤니케이션, 2014

존 스토트, 『기독교의 기본 진리』*Basic Christianity*, 생명의말씀사, 2009

찰스 스윈돌, 『은혜의 각성』*Grace Awakening*, 죠이선교회출판부, 2006 재출간

채위현, 『오늘을 위한 성경적 리더십』*Learning to Lead*, IVP, 1990

크리스토퍼 라이트 편집, 『존 스토트, 우리의 친구』*A Portrait by His Friends*, IVP, 2011

톰 허베스톨, 『불편한 진실, 내 안의 바리새인』*Extreme Righteousness*, 홍
성사, 2012

피트 그리그, 『침묵으로 말씀하시는 하나님』*God on Mute*, 미션월드,
2008

필립 얀시, 『놀라운 하나님의 은혜』*What's So Amazing About Grace?*, IVP,
2020 재출간

필립 얀시, 『하나님, 당신께 실망했습니다』*Disappointment with God*, IVP,
2013